챗GPT로 책쓰기

기획에서 마케팅까지 챗GPT로 출판하는 법

챗GPT로 책쓰기

이종범 지음

e 비즈북스

목차

머리말 ··· 7

1장 챗GPT가 대체 뭐길래?
1. 챗GPT란? ··· 12
2. 인공지능 기반 언어모델과 GPT-4 ··· 17
3. 책쓰기와 인공지능 ··· 25

2장 챗GPT로 책을 만들 수 있다고?
1. 기본 틀 설정하기 ··· 30
2. 글쓰기를 도와주는 챗GPT와 플러그인 ··· 32
3. 그 외 참고할 만한 생성형 AI들 ··· 44

3장 챗GPT로 아이디어를 얻는다고?
1. 아이디어 도출하고 개요 짜기 ··· 52
2. 개요 심화하기 ··· 68
3. 아이디어 도출 시 고려해야 할 사항 ··· 80

4장 챗GPT로 글을 쓸 수 있다고?
1. 글쓰기의 개요 ··· 90
2. 글쓰기 단계 ··· 101
3. AIPRM으로 글쓰기 속도 향상시키기 ··· 110
4. 글쓰기의 한계와 대처 방안 ··· 120

5장 챗GPT로 편집을 할 수 있다고?

1. 편집 도구로 챗GPT 활용하기 … 128
2. 챗GPT에게 피드백 받기 … 135

6장 챗GPT로 전자책을 만들 수 있다고?

1. 출간 준비하기 … 142
2. 챗GPT로 혼자 출간하기 … 145

7장 챗GPT로 마케팅 계획을 짤 수 있다고?

1. 챗GPT를 이용한 콘텐츠 마케팅 … 164
2. 소셜 미디어 활용 … 177
3. 마케팅 반자동화 … 191

8장 미드저니와 캔바로 컬러링북 만들기

1. 미드저니 가입하고 사용하기 … 212
2. 아마존에서 판형 결정하기 … 221
3. 캔바를 활용해 디자인하고
   아마존 킨들에서 출간하기 … 223

마무리하며 … 236

머리말

챗GPT가 쏘아 올린 공은 구글의 바드Bard, 아마존의 베드록Bedrock, 엔씨소프트의 엔씨바르코NCVARCO, 네이버의 하이퍼클로바X 등 다양한 인공지능 서비스의 출시를 이끌어 냈습니다. 이제는 일상 곳곳에서 생성형 AI를 사용하는 모습을 볼 수 있는데요, 생산성의 극적인 비약을 가져온 생성형 AI는 테스트를 넘어, 이미지, 동영상까지 영역을 확장하고 있습니다.

2022년 11월에 출시된 챗GPT는 채팅을 하는 인공지능으로 시작했고, 이를 기반으로 많은 것이 가능해졌습니다. 제가 챗GPT를 알게 된 건 2023년 2월이었는데 당시에 이미 여러 도구가 있었고, 자동 글쓰기 도구도 나와 있었습니다. 이를 이용해서 구글 스프레드시트에 한국어로 주제를 입력했더니 300페이지짜리 영어 책이 1시간 만에 완성되었습니다. 주제는 한국어로 입력해도 되고, 영어로 입력해도 되는데 그 짧은 시간에 책 한 권 분량의 글을 써내는 모습이 놀라웠습니다. 이 결과를 SNS에 업로드했더니 과정과 방법이 궁금한 사람들이 강의를 요청해왔고 현재까지 계속 챗GPT에 대한 강의를 하고 있습니다.

강의는 다양한 주제로 진행하고 있습니다. 인공지능은 거의 모든 분야에 적용 가능하기에 수강생들은 저마다 자신이 몸담은 분야에서 인공지능이 어떻게 활용될 수 있는지에 대해 알고 싶어 합니다. 강의를 통해서 수강생들은 업무의 효율성을 어떻게 높일 수 있을지, 이것을 활용해서 어떻게 돈을 벌 수 있을지 등 저마다 다양한 미래를 상상하는 것 같습니다.

인터넷 쇼핑몰이 처음 등장했을 때도, 스마트폰이 처음 등장했을 때도, 많은 사람들이 발전 가능성을 폄하하고 도입을 거부했습니다. 하지만 이 두 가지를 통해 혁신은 결국 모든 곳에서 시작되었고 인공지능도 그와 같은 혁신을 이끌어낼 것이라고 생각합니다. 이 책에서는 주로 책을 쓰는 것에 인공지능을 어떻게 활용할 것인지를 이야기하겠지만, 그 과정을 통해 전하고자 하는 것은 바로 이 혁신의 시작이라는 것입니다.

결국 거대한 파도를 막을 것인지, 그 파도에 몸을 맡길 것인지는 각자의 판단과 몫입니다. 인공지능과 같은 혁신적인 기술은 끊임없이 나타납니다. 이러한 변화에 유연하게 대처하고 적응하는 것이 중요합니다. 새로운 기술을 우리의 이점으로 활용하며 그 가치를 인정하는 것이 바람직한 태도입니다.

6개월 동안 고민하며 집필한 책과 1시간 만에 완성된 책의 가치는 어떻게 다를까요? 인공지능이 학습한 데이터와 우리의 경험과 지식이 만들어낸 결과물에는 어떠한 차이가 있을까요? 혁신적인 기술이 출현할 때마다 초반에는 반발이 있지만, 결국 그 기술은 우리의 일상 속에 스며들게 됩니다.

우리의 일상과 업무에 인공지능을 도입함으로써, 기존 방식보다 효율적이고 창의적인 방법으로 업무를 처리할 수 있게 됩니다. 당장은 기존 방식에서 벗어나는 것이 어렵더라도, 먼 훗날에는 그 혁신이 우리의 삶을 더 나은 방향으로 이끌어줄 것입니다. 결국 이러한 기술 혁신에 대한 수용성은 사람들의 생각과 가치관에 따라 결정되지만, 인공지능과 같은 기술의 발전을 끊임없이 지켜보며 적극적으로 활용하는 것이 미래를 향한 지혜로운 선택이 될 것입니다. 새로운 기술의 등장에 대한 견해와 태도는 결국, 우리의 성장과 발전에 큰 영향을 미칠 것입니다.

　챗GPT와 생성형 AI들은 하루가 다르게 변하고 있습니다. 혁신의 파도를 탈 수 있도록 최신 트렌드를 반영한 이 책이 여러분에게 도움이 되기를 바라며, 책이 출간된 뒤에 업데이트된 내용들은 bit.ly/dasolinbook에 접속하시거나 아래의 QR 코드를 인식하시면 확인하실 수 있을 것입니다.

— 이종범

1장 챗GPT가 대체 뭐길래?

1
챗GPT란?

오늘날 인공지능Artificial Intelligence은 우리 일상 생활에 깊숙이 들어오고 다양한 분야에서 활용되고 있습니다. 특히 대화형 인공지능 기술은 빠르게 발전하고 있으며 그중 하나가 바로 챗GPT입니다. 이 장에서는 챗GPT에 대해 알아보고, 이 기술이 어떻게 작동하며 우리에게 어떤 혜택을 가져다주는지 살펴보겠습니다.

챗GPT는 "Chatbot based on the Generative Pre-trained Transformer"의 약자로, OpenAI가 개발한 대화형 인공지능 프로그램입니다. 이 모델은 기존의 사용자와 대화를 나누면서 문제 해결, 정보 제공, 창의적 글쓰기 등 다양한 작업을 수행할 수 있습니다.

GPT 계열 기술은 대량의 텍스트 데이터를 학습하여 일반화된 언어 모델을 만드는 방식을 사용합니다. 이 방식을 통해 프로그램은 문맥을 이해하고, 문장 구조와 문법을 학습하여 NLP Natural Language Processing (자연어 처리)를 수행할 수 있게 됩니다.

먼저 챗GPT의 작동 원리를 살펴보겠습니다. 챗GPT는 다음 단어가 무엇이 나오면 좋을지를 예측, 추론하여 문장을 만듭니다. 사용자의 질문이나 명령에 따라, 프로그램은 학습한 데이터를 바탕으로 문맥에 맞는 결과물을 만들어냅니다.

챗GPT는 LLM_{Large Language Mode} (거대언어모델)이라는 핵심 기술을 활용해 만들어졌습니다. LLM은 매우 많은 데이터셋을 통해 다음 단어로 무엇이 나올지를 확률에 따라 예측한다고 보면 됩니다. 인공지능은 사람의 뇌를 본따 만들어졌습니다. 사람의 뇌에는 신경세포들의 가지와 가지를 이어주어 신호를 주고받는 시냅스가 100조 개 이상 있는데, 인공지능에서 시냅스 역할을 하는 것은 매개변수 또는 파라미터입니다. 매개변수가 많을수록 똑똑해진다고 보면 되는데 새로운 버전이 출시될 때마다 매개변수가 늘어나는 속도가 어마어마하게 빨라서 놀라지 않을 수 없었습니다.

2018년에 출시된 GPT-1의 매개변수는 1.17억 개였고 2019년에 출시된 GPT-2의 매개변수는 15억 개였지만 2020년에 출시된 GPT-3의 매개변수는 1750억 개나 됩니다. 이후 출시된 GPT-4의 매개변수는 OpenAI가 공개하지 않아 정확히 알 수는 없으나 1조 개 정도로 추정됩니다. 이렇게 빠르고 획기적인 변화가 일어나서 챗GPT가 각광을 받은 것이지요. 그러고 보면 조만간 인공지능이 인간의 뇌를 능가할 수도 있을 것 같습니다.

챗GPT에 많은 텍스트 데이터를 학습시키기 위해서는 GPU_{Graphics Processing Unit} (그래픽 처리 장치)가 필요합니다. GPT-4에 대한 자료는 현재 OpenAI가 공개하지 않아 자세히 알지는 못하지만 그 이전 버전인 GPT-3을 학습시키기 위해 28만 5000개의 CPU와 1만 개의 GPU를 연결한 슈퍼컴퓨터를 활용했으며 한 차례의 학습을 위해

460만 달러어치의 컴퓨팅 자원을 사용했을 것으로 추정됩니다.

인공지능은 현재 많은 산업 분야에서 혁신적인 변화를 이끌고 있습니다. 특히 NLP 분야에서는 인공지능 기반 언어모델의 빠른 발전으로 다양한 응용이 가능해지고 있습니다. 그 중에서도 우리가 알고 있는 챗GPT는 LLM이라는 거대언어모델을 사용합니다. 2021년 이전의 모든 웹 정보를 학습하였고, 이를 기반으로 사람이 개입하여 학습을 강화하고 대화에 대한 최적화 작업 같은 미세조정을 통해 GPT-3.5 버전을 탑재한 챗GPT가 탄생했습니다.

이렇게 탄생한 챗GPT는 5일 만에 일일 이용자수가 100만 명을 넘어섰고 40일 만에 1000만 명, 두 달 만에 1억 명을 돌파하는 등 선풍적인 인기를 끌었습니다. 새롭게 출시된 GPT-4 기반의 유료 버전 이용자도 출시된지 3일 만에 100만 명을 돌파했습니다. 유료 버전을 사용하기 위해서는 챗GPT PLUS에 가입하고 매달 20달러를 지불해야 합니다. 비록 PLUS 사용자라고 해도 GPT-4의 모든 기능을 활용할 수 있는 것은 아니지만 그럼에도 매우 똑똑해지고, 답변이 GPT-3.5와는 확연히 다르다는 것이 체감이 될 정도로 훌륭합니다. GPT-4는 문맥을 더 잘 이해할 수 있는데 GPT-3.5가 3000단어까지 문맥을 이해할 수 있고, GPT-4는 2만 5000단어까지 문맥을 이해할 수 있습니다.

이제 챗GPT는 우리 일상 생활 속으로 빠르게 스며들고 있습니다. 거의 모든 분야에서 활용 가능성이 높고, 생산성을 급격히 늘려줄 것이고, 획기적으로 일의 중간 과정을 줄여줄 것입니다

챗GPT는 그 활용 분야가 광범위합니다. 무엇보다 언어를 사용하는 분야에서는 업무 효율성이 높아질 것이라고 보면 좋을 것 같습니

다. 대표적인 예로는 다음과 같은 분야가 있습니다.

분야	활용 내역
창의적 글쓰기	소설, 블로그, 시나리오 작성
번역	다양한 언어간의 번역 작업 지원
요약	긴 글에서 핵심 내용을 추려 짧게 요약
교정 편집	문법, 맞춤법, 어투 등의 교정과 편집 작업
정보 검색	질문에 대한 적절한 답변 제공 및 데이터 분석
교육	언어 학습, 개념 설명, 학습 자료 생성
마케팅	광고 문구 생성, 소셜 미디어용 콘텐츠 작성

이렇게 챗GPT는 많은 장점을 가지고 있지만, 아직도 개선해야 할 부분이 존재합니다. 먼저 최신 정보가 업데이트 되지 않는다는 문제가 있습니다. 챗GPT는 2021년 9월 이전의 정보만 학습을 했기 때문에 그 이후의 일에 대해서는 알지 못합니다. 또 특정한 전문지식을 필요로 하는 경우 역시 정확한 답변을 제공하지 못할 수 있습니다. 챗GPT의 기반인 LLM은 정확한 답을 찾기 위해 만들어진 것이 아니라 다음 단어를 예측하는 추론을 대신 해주기 위해 만들어진 것이기 때문입니다. 그래서 질문이 주어지면 그에 대한 답변을 작성할 때 데이터가 없거나 틀린 데이터로도 그럴듯한 문장을 만들어주기 때문에 틀린 답이 맞는 말처럼 보일 수 있습니다. 매우 뻔뻔하게 거짓말을 하는 사람과 대화하는 것 같은 느낌이 든다는 의미입니다.

프로그램이 부정확하거나 편향된 데이터를 학습하게 되면, 결과물 역시 편향되거나 논란을 일으킬 수 있습니다. 이러한 문제를 해결하기 위해, 개발자들은 지속적으로 모델의 학습 방식과 알고리즘을 개선하고 있습니다. 이에 대한 보완책으로 GPT-4에서는 검색엔진인 빙Bing에서 검색을 한번 해주고 플러그인 스토어를 오픈하여 기업이 자신들의 서비스에 대한 정보를 토대로 답변할 수 있도록 도와주어 오류를 줄여 나가고 있습니다.

이런 약점이 있다는 것을 미리 알고 챗GPT를 사용한다면 책을 쓸 때 발생할 수 있는 문제를 미연에 방지할 수 있을 것입니다. 예를 들면 전문서적을 쓸 때에도 저자가 전문성이 있는 범위 내에서만 챗GPT를 활용한다면 독자에게 잘못된 정보를 제공하는 일은 발생하지 않을 것입니다. 또 챗GPT가 학습하던 2021년 9월 이후의 정보는 정확하지 않을 수 있으니 한 번 더 검수하고 사용해야 한다는 점을 미리 알고 있으면 더욱더 정확하고 믿을 수 있는 책을 만들 수 있을 것입니다.

2

인공지능 기반 언어모델과 GPT-4

챗GPT는 어떤 질문이라도 일정 수준 이상의 답변을 해줍니다. 운동에 대한 질문과 답변을 주고받은 사례를 통해 챗GPT가 어떤 대답을 내놓는지 살펴보도록 하겠습니다.

 목과 어깨가 아픈데 어떤 운농법이 좋을까?

 목과 어깨가 아플 때는 운동보다는 스트레칭이 더 도움이 될 수 있습니다. 그러나 목과 어깨를 강화하기 위한 몇 가지 유용한 운동이 있습니다.

1. 어깨 굴리기: 양 어깨를 앞뒤로 굴려서 근육을 이완시키고 풀어줍니다. 각각 10회씩 반복해 보세요.
2. 팔굽혀펴기: 어깨 넓이로 발을 벌리고 양손을 어깨 높이로 들어 올린 채로 바닥에 엎드리고 팔꿈치를 굽혀 90도 각도로 만든 다음, 다시 뻗어서 반복합니다. 10회씩 2-3 세트를 수행하세요.
3. 승모근 스트레칭: 어깨 넓이로 서서 양팔을 뒤로 내밀어서 손끝을 만나도록 합니다. 이 상태에서 팔꿈치를 조금 더 펴고, 양팔을 더 밀어내면 승모근 스트레칭이 가능합니다.

4. 목 스트레칭: 어깨와 머리를 일직선으로 세워주고, 천천히 양쪽 머리를 좌우로 기울여 목을 스트레칭합니다. 각 방향으로 10초씩 유지하세요.

이러한 운동들은 근육과 인대를 강화하고 목과 어깨를 더 편안하게 만들어줄 수 있습니다. 그러나 만약 고통이 심한 경우, 진통제를 복용하거나 전문가의 상담을 받는 것이 좋습니다.

이 내용은 저와 챗GPT가 대화를 주고받은 모습을 옮겨 놓은 것입니다. 사용자가 직접 구글이나 네이버에 접속해 필요한 정보를 물어볼 수도 있지만 챗GPT는 그보다 훨씬 빨리, 그리고 꽤 믿을 만한 답변을 해줍니다. 또 챗GPT는 하나의 대화창Chat 안에서는 대화를 기억하고 있기에 이어서 질문을 하면 그에 대한 답변을 해줍니다. 위의 대화에서는 목과 어깨가 아플 때 어떤 운동법이 좋은지 물어보았고 그에 대한 4개의 운동법을 제시해주었습니다. 효율적인 운동법을 더 알고 싶다면 다음과 같이 이어서 질문하면 됩니다.

 좀 더 다른 5가지 운동법을 알려줘.

 네, 목과 어깨를 강화하고 통증을 완화시키는 다른 다섯 가지 운동을 알려드리겠습니다.

1. 외각근 운동: 손목을 어깨 높이로 들어 올린 상태에서 팔꿈치를 살짝 구부려 윗 팔이 땅과 수직이 되도록 팔을 밀어 올리는 동작을 10회씩 2-3 세트로 수행합니다. 이 운동은 어깨와 목을 강화해주는 동시에 팔

의 근력을 키울 수 있습니다.
2. 리버스 플라이: 팔을 벌리고 몸을 약간 숙여서 땅을 향해 누운 자세로, 양손에 2-3kg 정도의 야령을 들고 팔을 양옆으로 벌리는 동작을 10회씩 2-3 세트로 수행합니다. 이 운동은 상체의 후면 근육을 강화하고 어깨와 목을 안정화시키는 데 도움이 됩니다.
3. 숄더 프레스: 양 손에 2-3kg 정도의 아령을 들고 양쪽 팔을 굽혀 어깨 높이까지 올리고, 다시 원래 자세로 내립니다. 이 동작을 10회씩 2-3 세트로 수행합니다. 이 운동은 어깨와 상완근육을 강화하는 데 도움이 됩니다.
4. 어깨 회전: 어깨 넓이로 선 다음, 양쪽 팔을 펴서 들고 손바닥이 바닥을 향하게 합니다. 그리고 양쪽 팔을 번갈아 가며 전후방으로 회전시키는 동작을 10회씩 2-3 세트로 수행합니다. 이 운동은 어깨와 목을 회전하는 능력을 향상시켜줍니다.
5. 다이아몬드 푸쉬업: 양손으로 손가락을 겹쳐 다이아몬드 모양을 만들어 푸쉬업을 수행합니다. 이 운동은 어깨 근육과 삼각근을 강화하는 데 도움이 됩니다.

위와 같이 챗GPT는 앞에서 목과 어깨가 아플 때 하는 운동법이 무엇인지 묻고 답한 것을 기억하고 있기 때문에 "좀 더 다른 5가지 운동법을 알려줘"라고만 질문을 해도 목과 어깨에 관한 운동법 5가지를 추가로 답변해줍니다.

하지만 주의해야 할 점도 있습니다. 이 대답을 무조건 맹신하면 안됩니다. 챗GPT는 언어모델을 활용해 만들어진 프로그램이라는 점을 기억해야 합니다. 언어모델은 한마디로 다음 단어를 예측하는 모델이라고 생각하면 됩니다. 방대한 양의 언어를 학습했기 때문에 통계적으로 "나는 방에"라고 하면 "들어간다"가 나올 것이라고 예측하는 것이죠. 그래서 거짓말도 잘합니다. 아주 뻔뻔하게 거짓말을 하는데 잘못하면 속을 수 있습니다. 거짓말을 하는 이유는 확률적으로 높은 다음 단어를 예측하여 제시해주기 때문인데 이것을 환각hallucination이라고 합니다.

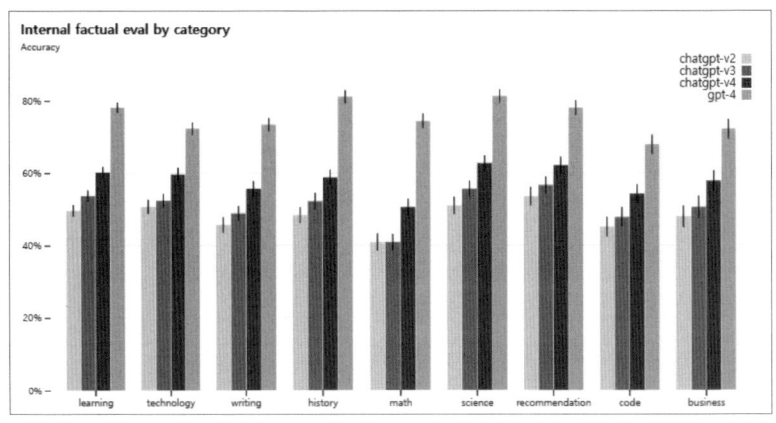

[그림 1-1] 새로운 버전이 등장할 때마다 점점 나아지는 챗GPT의 정확성

[그림 1-1]은 환각에 대해서 GPT-4의 정확성이 기존 모델보다 얼마나 개선되었는지를 보여주고 있습니다. GPT-4는 GPT-3.5보다 평균적으로 19퍼센트 향상된 결과물을 출력했다고 합니다. 이런 특징을 종합해보면 챗GPT가 마치 사람처럼 나를 이해하고 대화하는 것처럼 느껴질 수 있지만 수많은 데이터의 학습으로 확률상 높은 단어를 제시하는 것이기 때문에 한계가 있습니다. 또한 언어모델이기에 수리 계산에 약합니다. 보완을 계속 하고 있다고 하지만 챗GPT를 사용할 때는 이

런 점을 염두해두고 챗GPT가 잘 대답을 해줄 수 있는 분야에서 활용을 해야 할 것입니다.

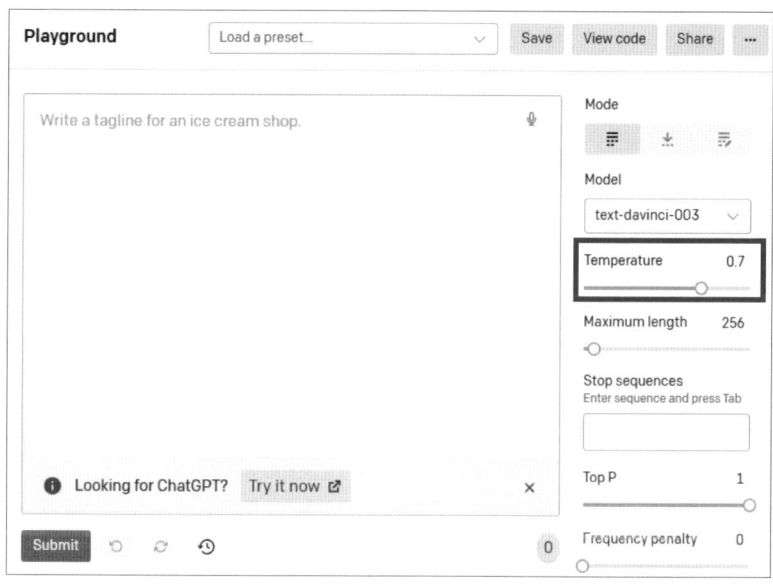

[그림 1-2] Temperature를 조절해 볼 수 있는 Playground

챗GPT에는 Temperature라는 것이 있습니다. 이게 높을수록 정확도가 더 높아지고 낮을수록 창의력이 높아진다고 합니다. 이 부분은 사용자가 자신이 쓸 책의 성격이나 예상 독자, 주제, 콘셉트 등을 종합적으로 고려해서 필요에 맞게 비율을 조정해서 선택해 사용하면 좋습니다. 또 마이크로소프트에서 개발한 검색엔진인 빙에서 채팅을 할 때 이런 부분을 쉽고 간단하게 선택할 수 있습니다. 이 부분은 3장에서 설명하겠습니다.

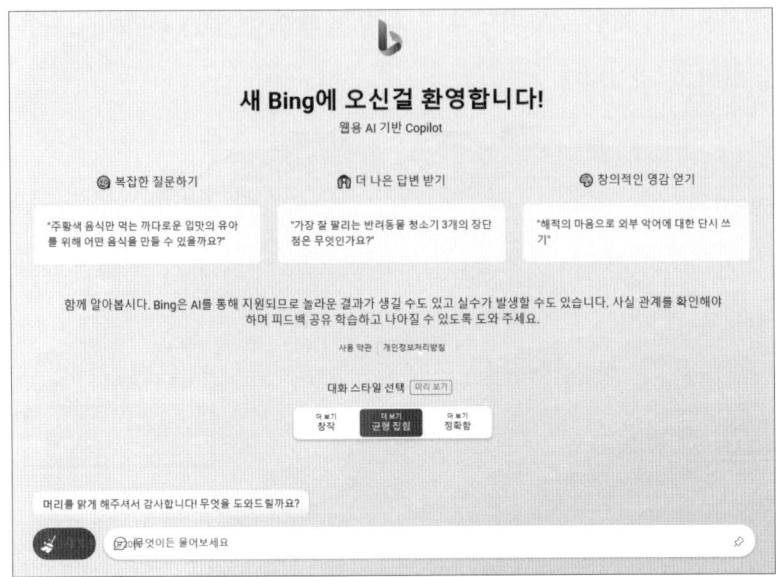

[그림 1-3] 빙에 포함된 챗GPT 채팅창

마이크로소프트가 챗GPT를 만든 OpenAI사에 투자하면서 두 회사는 상호협력하기 시작했고 마이크로소프트의 제품인 오피스나 윈도우, 애저 AZURE에 챗GPT가 적용되고 있습니다. 빙은 최신 모델과 최신 정보를 학습하여 정제된 답변을 제공해주어 많은 사람들이 애용하고 있습니다. GPT-4를 기반으로 한 챗GPT는 2021년 이전의 정보만 학습했기에 최신 정보는 잘 알지 못하지만, 빙챗 Bing Chat은 최신 정보까지 알려주기에 매우 유용합니다.

GPT-4가 발표되면서 사람들의 눈길을 끌었는데 가장 많은 관심을 받았던 것은 비주얼 입력 기능입니다. 이 기능은 사용자가 텍스트를 입력해 질문을 하면 답변을 해주는 것처럼 그림이나 사진을 입력하면 GPT-4가 입력된 이미지나 사진을 분석하여 답변을 해줍니다. 비주얼 입력 기능은 책을 쓰며 인용한 사진이나 그림에 대한 설명이 필요할 때 매우 유용합니다. 다음의 사례를 살펴보겠습니다.

[그림 1-4] 빙 모바일 앱에서 사진을 입력했을 때의 모습

[그림 1-4]를 보면 수많은 풍선이 줄에 감긴 채 벤치에 고정된 사진을 확인할 수 있습니다. 이 사진을 입력하고 GPT-4에게 저 줄을 자르면 어떻게 될 것 같냐고 물어보니 GPT-4는 풍선이 하늘로 날아갈 것 같다고 대답을 해줍니다. 인공지능이 사람처럼 생각하고 답변해준다는 점을 알 수 있습니다. 현재 이 비주얼 입력 기능은 챗GPT에서는 구현

되지 않지만 빙 모바일 앱에서는 입력해서 활용할 수 있으니 직접 해보시는 것을 권해드립니다.

또한 2023년 3월 16일에 마이크로소프트에서는 오피스에 챗GPT를 접목하여 코파일럿Copilot이라는 프로그램을 선보였습니다. 이 프로그램은 워드 문서에 디자인을 입혀서 PPT로 작성해주기도 하고 엑셀에서 수식을 분석하고 예측까지 해주는 모습을 보여줬는데 수많은 사람들이 충격을 받았습니다. 또 화상 회의 서비스인 팀즈Teams로 회의를 하면 말한 것이 자동으로 텍스트로 변환되는데, 그것을 제안서나 개요 워드 파일로 만들어 달라는 요청도 잘 소화해냈습니다. 워드로 만든 개요를 가지고 PPT를 만들어 달라고 하면 만들어주고, 각각의 장이나 표마다 이미지를 넣어달라고 하면 텍스트를 기반으로 그에 어울리는 이미지를 넣어주는 식으로 작동합니다.

AI는 급속도로 우리의 삶에 밀접하게 스며들고 있습니다. AI가 단순하고 반복적인 일을 하는 사람을 대체하여 실직하는 사람도 있을 수 있지만, 대부분의 사람들은 AI에게 도움을 받을 것이라 생각합니다. 새로운 도구가 나왔더라도 결국은 그것을 사용하는 사람의 능력에 따라 도구를 100퍼센트 활용할 수도 있고 그렇지 않을 수도 있습니다. 주판으로 계산하다가 계산기가 등장했을 때의 충격이나, 계산기를 사용하다가 엑셀이 나왔을 때의 충격은 모두 컸습니다. 하지만 계산기와 엑셀 모두 혁신을 일으키고 생산성을 높이는 것은 사람이고 전문 분야에 종사하던 사람이 혁신적인 기술을 받아들이면 더 좋은 결과를 낼 수 있습니다. 전문 분야에 종사하던 사람이기에 활용법을 쉽게 터득하고 오류를 잘 잡아낼 수 있기 때문입니다.

3

책쓰기와 인공지능

인공지능 기술의 발전은 다양한 분야에 큰 도움을 주고 있으며, 그중 하나가 바로 책쓰기입니다. 인공지능의 도움을 받아 책을 쓰는 것은 작가들에게 많은 혜택을 가져다주고 있습니다. 이 책에서는 인공지능이 책쓰기 과정에서 어떻게 활용되고 있는지 그리고 이러한 활용이 미래의 책쓰기에 어떤 변화를 가져올 것인지에 대해 살펴보겠습니다.

인공지능 기반 언어 프로그램, 특히 챗GPT 같은 생성형 모델은 대량의 텍스트 데이터를 학습하여 자연어 처리 능력을 향상시킵니다. 이를 활용하면 인공지능은 아이디어 생성, 스토리 구성, 편집 등 책을 쓸 때 거치는 여러 과정에 도움을 줄 수 있습니다. 예를 들어 소설 작가들에게 새로운 아이디어를 제공하거나 기존의 스토리 아이디어를 확장하고 발전시키는 데 도움을 줄 수 있습니다. 소설이나 시 같이 정답 대신 창의성이 요구되는 장르에서는 얼마든지 활용이 가능합니다. 또한 인공지능은 작가가 입력한 정보를 바탕으로 논리적인 스토리 구조와 시나리오를 제안할 수 있습니다. 이를 통해 작가들은 보다 체계적이고 완성도 높은 작품을 만들어낼 수 있습니다.

인공지능은 교정할 때도 큰 도움을 줍니다. 인공지능 기반 언어 프로그램은 문맥을 이해하고 문법과 맞춤법에 따라 원고를 수정할 수 있습니다. 또한 저자가 선택한 용어보다 더 좋은 것을 선택해서 배치하고 가독성도 올려줍니다. 이를 통해 작가들은 문장의 완성도를 높이고, 전체적인 글의 흐름을 매끄럽게 하고 일관성을 높일 수 있습니다.

이처럼 인공지능은 책을 쓸 때 다방면으로 작가를 도와줍니다. 하지만 인공지능에게 모든 것을 맡겨서는 안 됩니다. 책을 쓰려면 무엇보다 작가의 창의성과 감성이 가장 중요한데 인공지능은 아직 그 부분이 부족합니다. 따라서 어디까지나 글쓰기의 도구로써 활용되어야 하며 작가의 역할을 완전히 대체하지는 않을 것입니다. 인공지능은 기술적인 측면에서 도움을 주지만 작품의 주제와 감성, 독자에게 감동을 전달하는 데는 작가만의 독특한 개성과 시각이 가장 중요하니 스스로 발전하려는 태도를 버려서는 안 됩니다.

인공지능을 책 쓰는 데 활용할 때에는 긍정적인 측면뿐만 아니라 부정적인 측면도 고려해야 합니다. 예를 들어 인공지능이 작성한 텍스트의 편향성 문제가 발생할 수 있고 인공지능이 독자의 감정을 자극해 논란을 일으킬 수 있는 내용이 들어 있지 않은지 등을 작가들은 주의를 기울여 확인해야 합니다. 이러한 문제를 해결하기 위해서는 제작자는 시스템을 개선하고 사용자는 인공지능의 결과물을 판단하고 자료를 분석하는 능력을 키워야 합니다.

또한 인공지능의 활용이 더욱 증가함에 따라, 법적 문제도 고려해야 할 필요성이 생깁니다. 인공지능이 작성한 텍스트의 원작자로서의 권리와 책임, 그리고 인공지능이 내놓은 데이터의 출처 표기 방법과 저작권 문제 등에 대한 명확한 법적 가이드 라인의 제정을 위해 제작자와 사용자 모두 머리를 맞대고 고민해야 합니다.

제가 챗GPT를 배우고 그것으로 강의를 하고 챗GPT를 책 쓰는데 활용하는 스터디를 하게 된 것은 모두 그 과정을 여러 사람들에게 알리고 싶었기 때문입니다. 몇 번의 마우스 클릭만으로도 300페이지짜리 책이 1시간 만에 뚝딱 만들어지는 모습은 충격 그 자체였습니다.

이후 퍼스널 브랜딩을 구축하려는 100명의 지원자를 모아 챗GPT를 활용해 일주일 만에 100권의 책을 출판하는 프로젝트를 진행했습니다. 네이버 검색창에 사람 이름을 입력하면 그 사람에 대한 정보가 나오는데, 책을 출간하면 책의 저자로 등록되어 자신의 인지도를 높일 수 있다는 장점이 있어 지원자를 모으기가 어렵지 않았습니다. 다만 챗GPT가 써준 글을 그대로 활용하다 보니 사용자들의 만족도가 낮을 수밖에 없었습니다. 또 저자로 등록만 하고 책은 절판하는 사람도 있었는데 퍼스널 브랜딩의 구축이 목적이었지 좋은 책을 쓰는 것은 아니었기 때문에 한계가 있었습니다.

이런 경험을 통해서 얻은 결론은 챗GPT는 책을 쓸 때 맹종하지 말고 도움을 얻는 정도로만 사용해야 한다는 점입니다. 무엇보다 자신이 만족할 수 있고 독자에게 쓸모 있는 내용의 글을 쓰기 위해서는 챗GPT에게 모든 것을 맡기지 말고 나 자신이 글을 쓰는 주체로서 책임감을 느껴야 합니다. 또 책을 쓰며 나만의 가치를 만들어가는 것을 중요하게 생각해야 할 것입니다.

이제부터 챗GPT와 여러 생성형 AI를 활용하여 어떻게 책을 쓰고 가치를 만들어 갈 것인지 시작해보도록 하겠습니다.

2장

챗GPT로 책을 만들 수 있다고?

1

기본 틀 설정하기

챗GPT를 활용해 책을 쓰기 전에 먼저 챗GPT의 개입 정도를 어느 정도까지 허용할 것인가를 확정하면서 기본 틀을 잡아야 합니다. 챗GPT가 생성해준 답변을 그대로 복사해서 붙여 넣을 것인지, 챗GPT는 영감을 얻는 데 사용할 뿐, 책의 내용은 모두 내가 쓸 것인지, 아니면 적당히 섞어서 작성할 것인지를 정해야 합니다.

그 비율은 책을 쓰는 목적에 따라 달라집니다. 단순히 책을 쓰고 싶다면 챗GPT에 모든 것을 맡겨도 될 것입니다. 하지만 챗GPT를 100퍼센트 신뢰하려면 그전에 먼저 사용자가 챗GPT의 환각 현상에 대해서 이해해야 하고, 챗GPT가 거짓말하는 것을 잡아낼 수 있어야 합니다. 또한 표절이나 저작권에 대한 체크도 꼼꼼하게 할 수 있어야 할 것입니다.

반대로 모두 내가 쓰고 챗GPT는 영감을 얻는 데 참고만 할 뿐이라면 스스로 원칙을 엄격하게 정하고 원고를 작성하기 시작해야 합니다. 이때에는 마치 베낄 수 있는 모범 답안을 옆에 두고 유혹을 참아내며 문제집을 푸는 것 같은 기분이 들 것이기 때문입니다. 이 과정은 챗

GPT가 나오기 전의 책쓰기 과정과 동일합니다. 이전에도 작가는 자기가 쓰려는 책과 수많은 비슷한 서적을 구매하고 보면서 참고합니다. 무언가를 쓴다는 것은 출력을 하는 것입니다. 출력물이 있으려면 입력이 있어야 합니다. 즉, 내가 전혀 모르는 분야에 대해서 글을 작성할 수는 없다는 것이죠. 다만 그것을 베낄 수는 없으니 원칙을 세우고 창작의 고통을 견뎌가며 나만의 글을 작성해야 합니다. 창작은 무에서 유를 창조하는 게 아니라 이미 존재하는 것에서 나만의 것을 만들어내는 과정이기 때문입니다.

책을 쓰는 기본 틀을 정했다면 다음은 세부적인 것들을 정해야 합니다. 어떤 장르의 책을 쓸 것인지, 주제는 무엇으로 할 것인지를 정해야 합니다. 주제는 책의 콘셉트를 결정하기에 독자의 관심을 끄는 데 큰 영향을 끼칩니다.

일관성 있는 스토리를 위해 목차를 만들고 개요를 작성하는 등 작품의 구조와 플롯도 계획해야 합니다. 하지만 제일 중요한 건 독자가 누구인지 정하는 것이죠. 마케팅에서도 핵심 고객이 가장 중요하듯, 책 쓰기에서도 독자가 가장 중요합니다. 읽어주는 사람이 없으면 책은 팔리지 않을 테니 말이죠. 독자를 정확하게 파악하고, 독자의 기대와 관심에 맞춘 글을 써야 읽히는 그리고 팔리는 책을 쓸 수 있습니다.

2

글쓰기를 도와주는 챗GPT와 플러그인

챗GPT를 사용하려면 챗GPT를 만든 OpenAI의 홈페이지에서 가입을 해야 합니다. 먼저 인터넷 주소창에 ai.com이나 chat.openai.com을 입력하면 다음과 같은 창이 뜹니다.

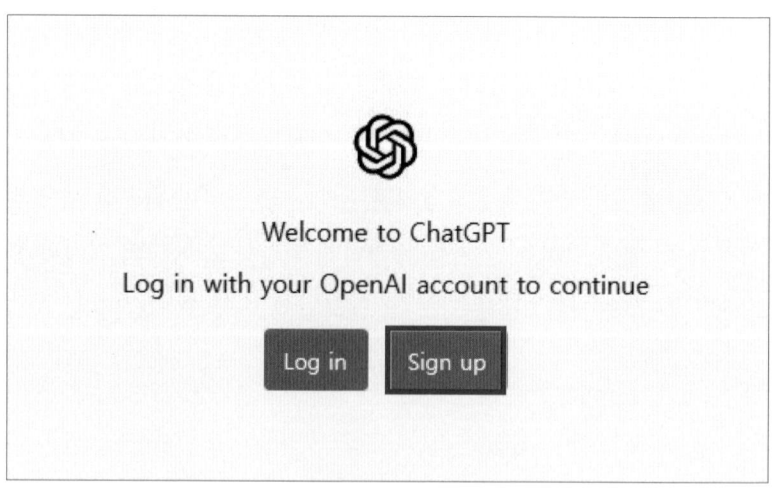

[그림 2-1] 로그인 화면

여기서 [Sign up] 버튼을 클릭하면 회원가입을 할 수 있습니다.

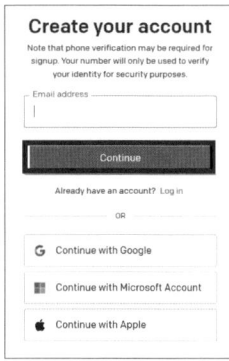 다음과 같은 화면이 뜨면 이제 가입할 준비가 된 것입니다. 회원 가입은 이메일을 입력하고 위의 [Continue] 버튼을 눌러서 비밀번호를 설정한 뒤 전송된 확인 메일을 클릭하거나, 이미 가입된 구글 계정, 마이크로소프트 계정이나 애플 계정을 입력하면 할 수 있습니다.

[그림 2-2] 회원가입 화면

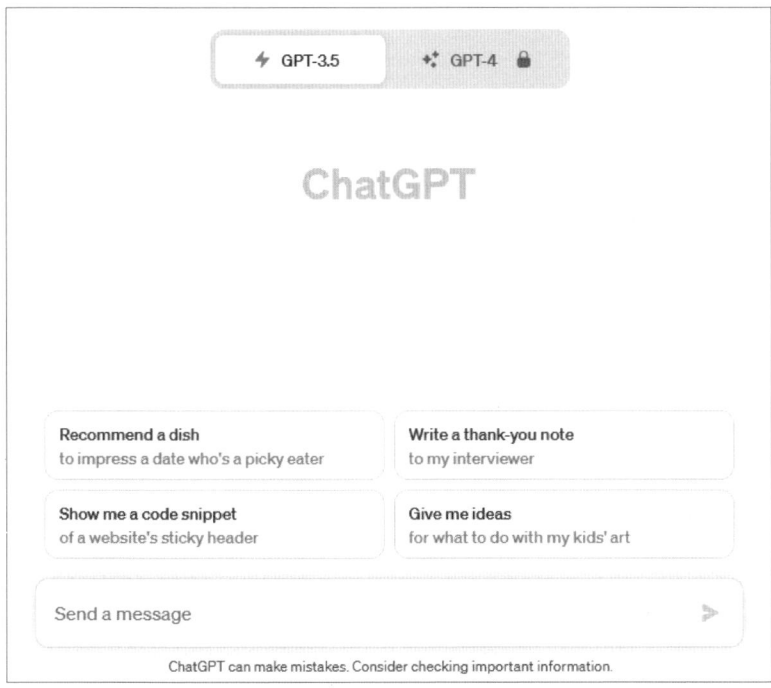

[그림 2-3] 챗GPT 첫 화면

그러면 [그림 2-3]과 같은 화면이 보입니다. 그리고 화면 아래에 있는 '메시지를 입력하세요Send a message'에 궁금한 것을 입력해 타이핑하여 물어보면 됩니다.

제 직업은 마케터입니다. 마케팅을 할 때는 어느 정도 정해진 프로세스가 있습니다. 먼저 핵심 타깃 고객을 설정하고, 그에 따른 채널 및 마케팅 전략을 세웁니다. 그리고 전략에 따라 채널별로 목표를 설정하고 핵심지표를 체크합니다. 각각의 과정에 많은 에너지와 리소스가 투입됩니다. 인스타그램 글을 작성한다면 인스타그램 이미지는 무엇으로 해야 하는지, 카피 글은 어떻게 작성할 것인지, 해시태그는 무엇을 쓸 것인지 오랫동안 고민해야 합니다. 하지만 챗GPT는 물어보면 바로 답변을 해줍니다.

 챗GPT에 대한 책을 인스타그램에 업로드하려는데 이미지와 글과 해시태그를 3개씩 추천해줘.

 이미지:
1. 책의 표지: 챗GPT를 소개하는 가장 직접적인 방법으로, 책의 고화질 표지를 업로드하세요.
2. 인포그래픽: 챗GPT의 주요 기능, 장점 및 사용 사례를 간결하게 보여주는 인포그래픽을 작성하여 첨부하세요.
3. 사용자 리뷰: 챗GPT에 대한 긍정적인 사용자 리뷰나 인용문을 시각적으로 표현한 이미지를 공유하세요.

글:

1. "챗GPT를 통해 인공지능과 대화하는 새로운 세상을 경험하세요! 이 책은 챗GPT를 이해하고 효과적으로 활용하는 데 도움이 됩니다."
2. "이 책에서 챗GPT의 놀라운 성능과 다양한 활용 방법을 알아보세요. 대화형 인공지능에 대한 모든 것을 한 권으로 만나보실 수 있습니다."
3. "챗GPT에 관심이 있다면 이 책을 놓치지 마세요! 기술, 사용 사례, 그리고 실제 적용까지, 이 책은 챗GPT에 대한 전문 지식을 제공합니다."

해시태그:

1. #챗GPT
2. #인공지능
3. #기술도서

사람이 인스타그램에 올릴 콘텐츠를 기획하고 생산하려면 시간이 꽤 많이 필요합니다. 하지만 챗GPT를 사용하면 이미지와 글과 해시태그까지 빠르게 작성해줍니다. 사용자가 검색하고 읽고 판단하고 정리하는 시간을 단축시켜 주기에 생산성이 급격히 올라갑니다. 이런 생산성의 증가는 비단 마케팅만이 아니라 많은 분야에도 적용될 것입니다.

여기서 질문을 하는 것을 프롬프트라고 합니다. 같은 프롬프트를 넣는다고 해서 똑같은 답변이 나오는 것은 아닙니다. 언어 모델은 그 다음 단어가 무엇이 나올지 확률적으로 보여주는 것이기 때문에 다르게 답변이 나올 수도 있습니다. 따라서 이 답변에 대해서는 아직은 완벽히 신뢰할 수 없습니다. 참고 정도만 해주는 것이 좋고, 자신의 전문 분야에 맞게 보조 도구로 사용하는 것이 가장 좋습니다.

챗GPT는 한국어와 영어를 비롯한 여러 언어로 사용할 수 있습니다. 하지만 그 결과는 좀 다릅니다. 챗GPT에는 토큰Token이라는 개념이 있는데 챗GPT는 자연어 처리 모델의 하나로 입력된 텍스트를 일련의 토큰으로 분리하여 처리합니다. 여기서 토큰은 텍스트에서 의미를 가지는 최소 단위를 의미합니다. 예를 들어 "Hello, how are you?"라는 문장을 챗GPT에 입력하면, 이를 일련의 토큰으로 분리하여 처리합니다. 이 경우 토큰은 "Hello", ",", "how", "are", "you", "?"와 같이 단어, 문장부호, 숫자 등의 요소로 분리됩니다.

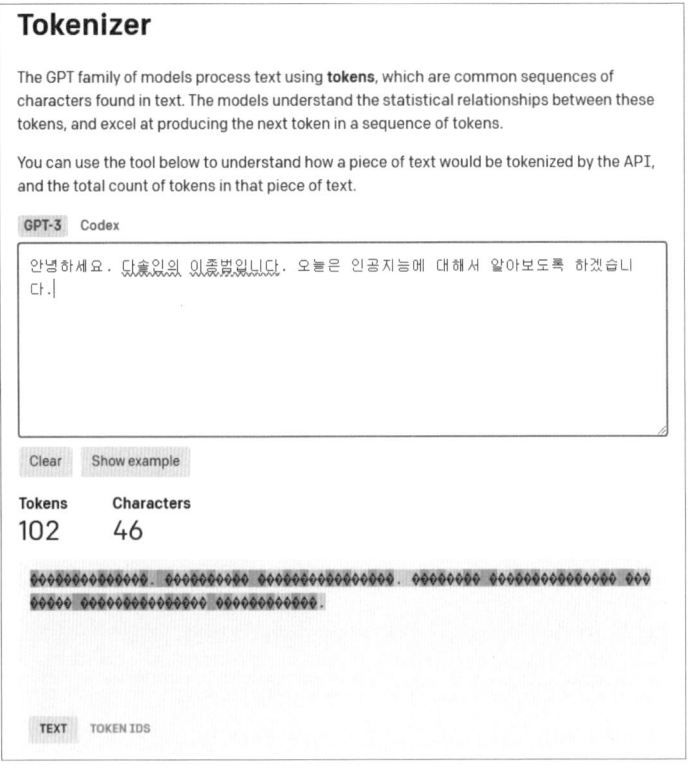

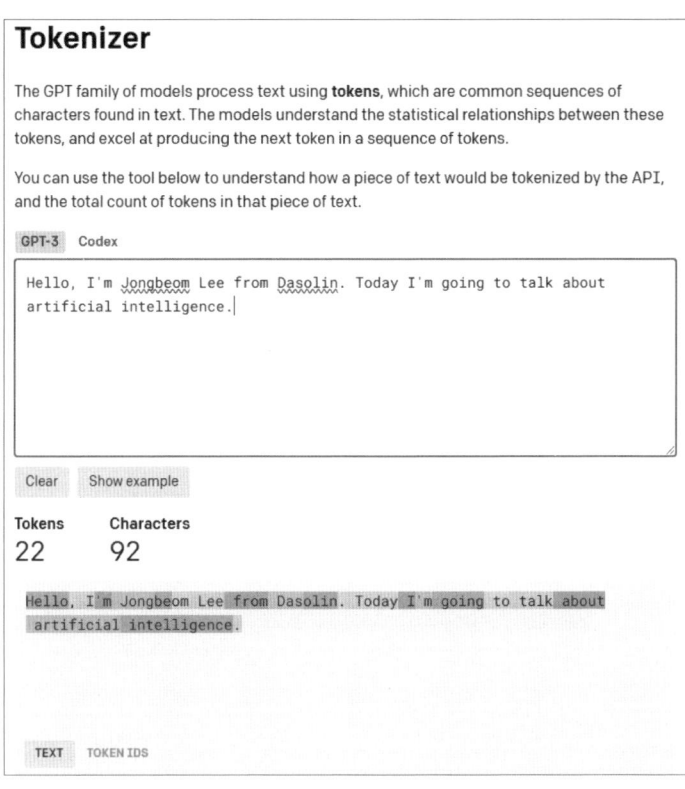

[그림 2-4] 한국어로 입력했을 때와 영어로 입력했을 때의 토큰 수 차이

위의 캡처 화면은 같은 내용을 각각 한국어로 작성했을 때와 영어로 작성했을 때의 토큰 개수를 나타낸 그림입니다. 토큰 개수를 확인하려면 토크나이저Tokenizer의 홈페이지인 platform.openai.com/tokenizer에서 조회할 수 있습니다. 첫 번째 화면처럼 한국어로 작성했을 때의 글자수Characters는 46개이고 영어로 작성했을 때의 글자수는 94개입니다. 하지만 한국어로 작성했을 때의 토큰 개수는 102개이고 영어로 작성했을 때의 토큰 개수는 24개로 글자수는 한국어가 더 적음에도 토

큰은 4배 이상 더 필요하다는 것을 알 수 있습니다. 토큰은 의미를 가진 최소 단위인데 한국어는 글자 하나마다 가지는 의미가 다양하기 때문에 토큰이 더 많이 소모됩니다. 그래서 한국어로 입력하면 토큰을 많이 사용해서 앞에서 물었던 내용들을 잊어버릴 수 있으니 영어로 입력하는 것이 더 좋습니다. 참고로 GPT-3.5는 하나의 채팅에서 4096개의 토큰까지 기억하고 그 이후에는 이전 것을 잊어버리지만 GPT-4는 8000토큰까지 기억한다고 하니 GPT-4 결제를 생각할 때 이 점도 고려하면 좋습니다.

[그림 2-5] 챗GPT의 언어 이해 능력 수치

또 영어로 질문하는 것이 한국어로 질문했을 때보다 좀 더 정확한 답변을 해주기 때문에 선호됩니다. GPT-3는 정보를 학습할 때 사용된 정보의 93퍼센트가 영어로 되어 있었다고 합니다. 따라서 GPT-3 버전일 때의 챗GPT는 한국어로 물었을 때 제대로 된 답변을 해주지 못했습니다. 현재 출시된 GPT-4는 많은 면에서 개선되어 [그림 2-5]에 따르면 한국어 질문의 이해력이 77퍼센트까지 올라왔지만 GPT-4의 영어 이해력이 85.5퍼센트인 것을 생각하면 영어로 질문할 때 더 잘 답변해준다고 할 수 있습니다.

이런 이유로 보통 챗GPT를 사용할 때는 주로 영어로 질문합니다. 문제는 모든 사람이 영어에 능숙하지 않기 때문에 주저할 수 있다는 점입니다. 이럴 때에는 번역기를 활용해 한국어를 영어로 바꿔 챗GPT에 입력하면 됩니다. 다만 구글 번역이나 파파고 같은 사이트에서 질문을 입력하고 영어로 번역된 것을 복사해 챗GPT에 입력한다는 것은 한두 번이면 모를까 반복될 경우 매우 번거롭고 귀찮습니다. 그래서 저는 프롬프트 지니라는 크롬 확장 프로그램을 사용하는 것을 추천합니다. 이 프로그램을 설치하고 챗GPT에 접속하면 [그림 2-7]처럼 챗GPT 메인 화면 아래에 프롬프트 지니 창이 뜹니다. 여기서 옵션에서 번역을 선택하면 자동으로 번역해줍니다.

[그림 2-6] 프롬프트 지니 설치 과정

프롬프트 지니를 설치하려면 먼저 크롬 브라우저를 열고 우측 상단의 '⋮' 부분을 클릭합니다. '확장 프로그램 〉 Chrome 웹 스토어 방문하기'를 선택합니다. Chrome 웹 스토어에 들어가 '프롬프트 지니'를 검색해 설치합니다. 별도로 프로그램을 내려받아 내 컴퓨터에 저장하는 것은 아니고, [Chrome에 추가] 버튼을 클릭하면 됩니다.

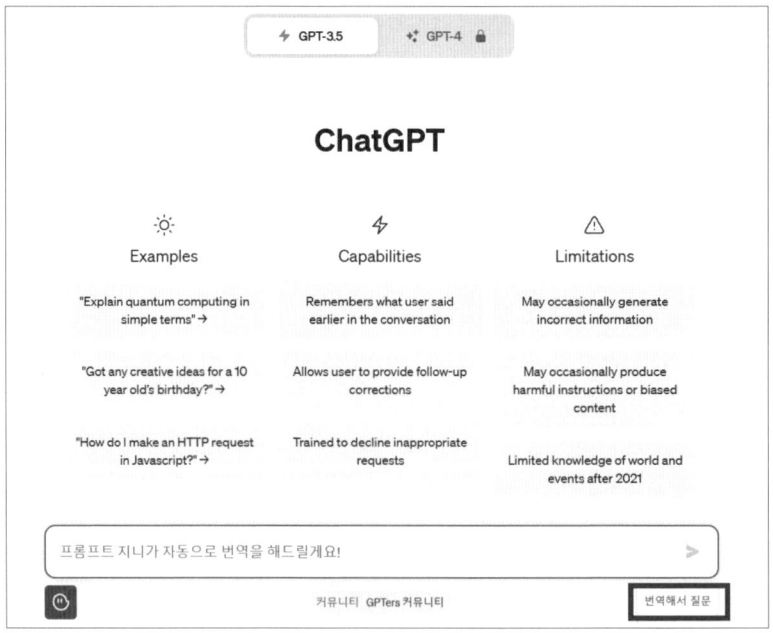

[그림 2-7] 프롬프트 지니를 설치했을 때의 챗GPT 메인 화면 모습

이제 다시 챗GPT에 접속하면 [그림 2-7]처럼 메인 화면 아래에 프롬프트 지니가 설치되고 [번역해서 질문] 버튼이 생긴 것을 알 수 있습니다. 버튼이 파란색으로 켜져 있으면 프롬프트에 한국어를 입력한 후 엔터를 눌렀을 때 질문이 자동으로 영어로 번역되어 입력되고, 답변이

영어로 나오면 그걸 다시 한국어로 번역해줍니다.

한국어 맞춤법을 확인할 수 있는 사이트를 하나만 알려줘.
번역결과
Please tell me one site where I can check my Korean spelling.

As of my last update in September 2021, one site where you can check your Korean spelling is Naver (www.naver.com). Naver is a popular search engine and web portal in South Korea that offers various language-related tools, including a Korean spell checker.

To use Naver's Korean spell checker, follow these steps:

Go to the Naver website (www.naver.com).

In the search bar, type "맞춤법 검사기" (pronounced as "matchumbeop geomsagi"), which means "spell checker" in Korean.

Click on the search result that corresponds to Naver's spell checker tool.

You will see a text box where you can paste or type your Korean text.

After inputting your text, click on the "검사" (check) button to initiate the spell check.

Please keep in mind that the website interface might be in Korean, so some basic understanding of the Korean language may be helpful for navigation. If Naver's spell checker is no longer available or if you encounter any issues with the website, you can try searching for alternative Korean spell checker tools online.

번역결과

2021년 9월 저의 마지막 업데이트 기준으로 한글 맞춤법을 확인할 수 있는 사이트는 네이버 (www.naver.com)입니다. Naver는 한국어 맞춤법 검사기를 포함하여 다양한 언어 관련 도구를 제공하는 한국의 인기 있는 검색 엔진 및 웹 포털입니다.

네이버 한글 맞춤법 검사기를 사용하려면 다음 단계를 따르세요.

네이버 웹사이트 (www.naver.com)로 이동합니다.

검색창에 "맞춤법 검사기" (한국어로 "맞춤법 검사기"를 의미)를 입력합니다.

네이버 맞춤법 검사 도구에 해당하는 검색 결과를 클릭합니다.

한국어 텍스트를 붙여넣거나 입력할 수 있는 텍스트 상자가 나타납니다.

텍스트를 입력한 후 "검사" (확인) 버튼을 클릭하면 맞춤법 검사가 시작됩니다.

웹사이트 인터페이스가 한국어로 되어 있을 수 있으므로 한국어에 대한 기본적인 이해가 탐색에 도움이 될 수 있습니다. Naver의 맞춤법 검사기를 더 이상 사용할 수 없거나 웹 사이트에 문제가 있는 경우 온라인에서 다른 한국어 맞춤법 검사 도구를 검색해 볼 수 있습니다.

앞의 과정을 살펴보면 프롬프트 지니는 한국어로 작성한 것을 영어로 프롬프트를 입력할 수 있도록 번역해주고, 영어로 달린 답변을 자동으

로 한국어로 번역해준다는 것을 알 수 있습니다. 프롬프트 지니 기능이 활성화되면 언어의 장벽을 쉽게 뛰어넘어 정확한 답변을 얻어낼 수 있을 것입니다.

3

그 외 참고할 만한 생성형 AI들

챗GPT는 GPT 모델을 기반으로 하는 프로그램입니다. 챗GPT에 접속해 질문을 할 수도 있지만, OpenAI는 챗GPT와 동일한 내용을 외부에서도 사용할 수 있도록 GPT API라는 것을 제공하고 있습니다. 이를 통해서 카카오톡이나 라인 같은 메신저 혹은 PC에서 챗GPT를 사용할 수 있는데 이런 기능을 제공하는 서비스를 몇 가지 소개하겠습니다. 챗GPT에 접속하기 어려울 때 간편하게 사용해볼 수 있는 서비스들입니다.

챗GPT나 빙챗 외에도 모바일에서 챗GPT를 활용할 수 있는 서비스가 있습니다. 먼저 업스테이지에서 만든 카카오톡 채널인 AskUp이 있습니다. 아숙업이라고도 불리는 이 프로그램을 사용하려면 askup.oopy.io에 들어가거나 카카오톡에서 AskUp을 검색해 친구로 추가하고 우리가 평소 친구들이나 지인들과 채팅하듯이 말을 걸면 GPT API를 통해 대답을 해줍니다.

AskUp의 장점은 카카오톡 채널이라 모바일에서도 사용할 수 있고 카카오톡 PC 버전을 사용할 때는 PC에서도 사용할 수 있다는 점입니다.

[그림 2-8] 카카오톡에서 AskUp을 검색했을 때의 모습

챗GPT도 23년 7월 이후 모바일 서비스를 시작했지만 AskUp은 국민 메신저라고 불릴 정도로 많은 사람들이 사용하는 카카오톡과 연계되어 있는 프로그램이 만큼, 접근성은 챗GPT보다 훨씬 뛰어나다고 할 수 있습니다. 카카오톡에 가입되어 있다면 따로 프로그램을 설치할 필요 없이 바로 사용할 수 있어서 카카오톡 친구 숫자가 120만 명을 넘어섰을 정도로 많은 사람들이 사용하고 있습니다. 또 검색 속도도 빠르고 우리나라 기업에서 만든 만큼 챗GPT에 비하면 우리말 답변이 좀 더 매끄럽게 읽힐 만큼 자연스럽습니다.

특히 GPT-4의 매개변수가 1조 개로 추정되는 가운데 AskUp의 매개변수는 300억 개로 챗GPT에 비하면 매우 적은데도 성능을 인정받았다는 것이 주목할 만한 장점입니다. 또 최근에는 라인Line과 연계해 일본과 동남아시아 시장에도 진출했는데, 일본어로 된 영수증을 사진으로 찍어 AskUp에 보내면 우리말로 번역해주는 서비스도 제공하기 시작했습니다. 게다가 200자 정도의 글자를 번역해주는 데 10초 정도밖에 걸리지 않았다는 것을 생각하면 앞으로의 발전이 기대됩니다.

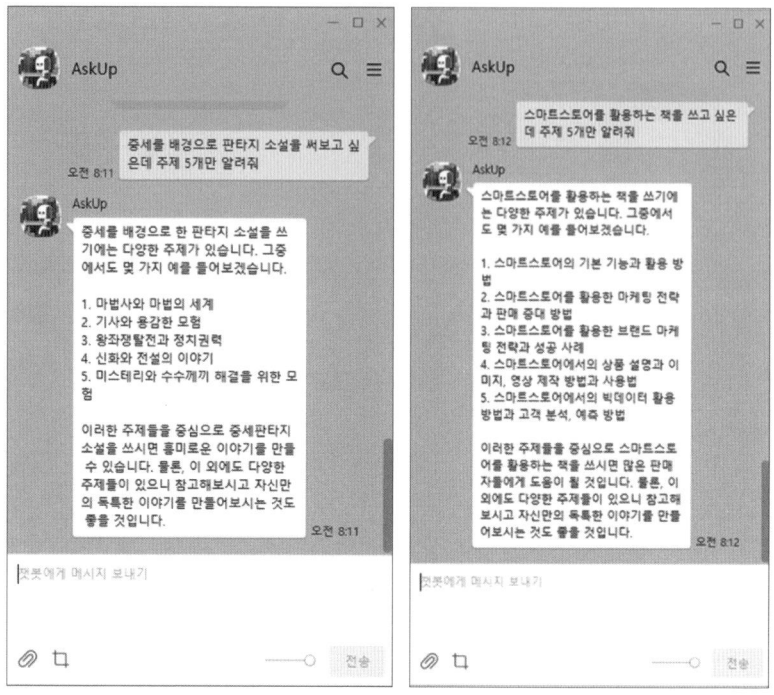

[그림 2-9] AskUp에서 책의 주제를 물어봤을 때의 답변

아이디어가 떠오르지 않을 때 AskUp에 물어보면 GPT-3.5에 기반해서 하루 최대 100개의 답변을 해줍니다. 그리고 질문 앞에 느낌표를 붙이면 GPT-4에 기반해서 하루 최대 10개의 답변을 해줍니다. 또한 질문 앞에 물음표를 붙이고 질문하면 최신 정보를 검색해서 답변해주기 때문에 챗GPT가 학습하기 전인 2021년 9월 이전의 정보로만 답변해주는 한계를 벗어날 수 있습니다.

　AskUp의 또 하나의 장점은 제작사인 업스테이지가 AI OCR 인식 기술을 가지고 있어서 사진이나 이미지를 올리면 그 안에 있는 텍스트를 읽어준다는 것입니다. 최대 1000자까지 읽어주기 때문에 이를 바탕으로 질문을 던지고 답변을 받을 수 있습니다. 또한 "그려 줘", "DRAW"라는 단어를 사용하면 그림도 그려줍니다. 책 안에 삽화를 넣을 때 사용할 수도 있고, 한문으로 된 시가 적힌 사진을 인식시키면 한문을 읽어주고, 그것을 번역시킬 수도 있습니다.

두 번째 서비스로는 체인파트너스에서 만든 웍스AI라는 프로그램이 있습니다. 이 서비스 역시 AskUp처럼 PC와 모바일에서 사용할 수 있으며, www.wrks.ai/에서 애플리케이션을 다운받을 수 있습니다. 스마트스토어와 관련된 책에 대해 질문을 해봤습니다.

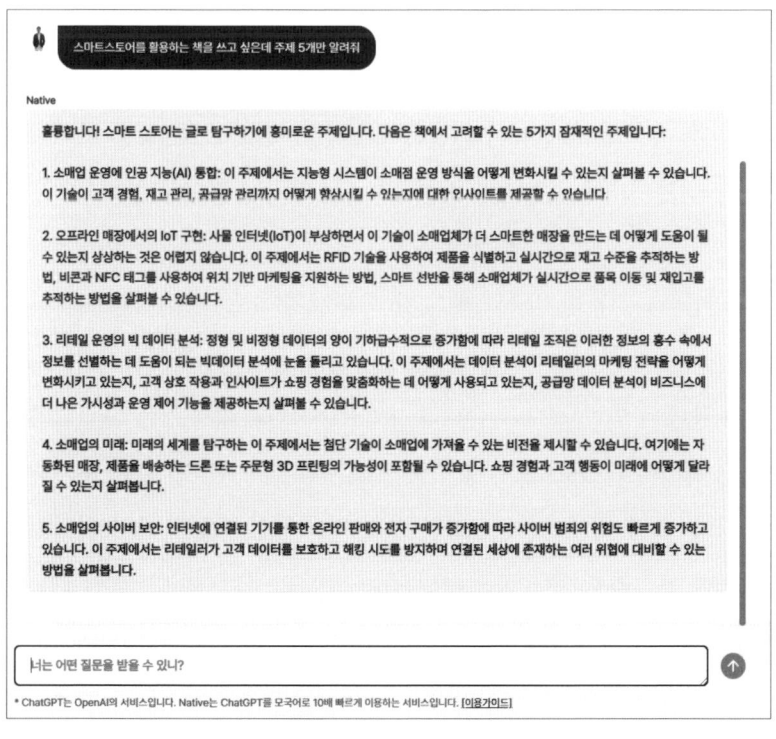

[그림 2-10] 웍스AI에 책의 주제를 물어보았을 때 답변

웍스AI의 장점은 앞에서 소개한 프롬프트 지니처럼 한국어로 질문을 입력하면 자동으로 영어로 번역해 물어봐주고, 영어로 나오는 답변을 한국어로 번역해준다는 것입니다. 하지만 프롬프트 지니는 구글 번역기로 번역해서 번역의 품질이 좋지는 않으나 웍스AI는 딥엘DeepL이라는 AI 번역기를 사용해 번역하기 때문에 번역 품질이 좋다는 점이 장점입니다. 다만 프롬프트 지니는 챗GPT 메인화면에서 사용할 수 있지만 웍스AI는 자체 웹페이지에서 사용할 수 있다는 점과 프롬프트 지니는 영어로 된 답변과 그것을 한국어로 번역한 답변을 모두 보여주지만 웍스AI는 한국어로 번역된 답변만 보여준다는 점이 단점입니다.

마지막으로 소개할 서비스는 이미지 생성 AI인 미드저니Midjourney입니다. 미드저니는 디스코드Discord라는 커뮤니티 서비스를 통해서 사용할 수 있는데 책에 들어갈 삽화나 표지를 제작하기에 좋은 서비스입니다. 미드저니에 대한 활용법은 8장에서 자세히 설명하겠습니다.

지금도 계속 새로운 서비스가 나오고 있고, 앞으로는 더 많이 나올 것입니다. 내 환경에서 내가 잘 사용할 수 있는 서비스들을 알아둔다면 책을 쓰는 데 더 효율적으로 도움을 받을 수 있을 것입니다.

물론 주의할 점도 있습니다. 챗GPT와 연계해서 만든 프로그램이라고 하더라도 OpenAI에서 만든 프로그램이 아니라면 일단 주의해야 합니다. 얼마 전에 있었던 일입니다. 지인에게 전화가 와서 받았더니 다급한 목소리로 챗GPT 모바일 앱이 없냐고 물었습니다. 당시에는 아직 모바일 애플리케이션이 출시되지 않았을 때여서 없다고 대답하고 왜 그러냐고 반문했습니다. 그러자 지인은 요즘 챗GPT가 유행하길래 유튜브를 보고 모바일 애플리케이션을 설치하고 회원 가입을 할 때 카드번호를 입력하라고 해서 입력했더니 매일 5만 원씩 빠져나가고 있다고 말했습니다. 즉시 카드를 정지하고 애플리케이션을 삭제하라고 말했는데 뉴스를 살펴보니 이런 신종 사기 수법이 유행하고 당하는 사람들이 많다는 것을 알았습니다. 따라서 OpenAI에서 만든 서비스나 프로그램인지 아닌지 여부를 꼭 살펴보고 사용해야 합니다.

3장

챗GPT로 아이디어를 얻는다고?

1
아이디어 도출하고 개요 짜기

책의 분야는 소설, 자기계발서, 시, 기술서 등 다양합니다. 하지만 어떤 분야의 책이든 책을 쓰려면 우선 아이디어를 얻어야 합니다. 무엇을 주제로 쓸 것인지, 어떤 콘셉트의 책을 쓸 것인지, 어떤 방식으로 구성할 것인지 등을 고민해야 합니다. 그러나 챗GPT에게 아이디어를 물어보면 빠르게 답을 얻을 수 있습니다.

    AI로 책 출판하기 강의를 진행했을 때 수강생들이 제작한 책은 정말로 다양했습니다. 필리핀 역사에 대한 책, 골프를 칠 때 도움되는 멘털에 관한 책, 주식 트레이딩에 관한 책, 그림 동화책, 여행에 관한 책 등 다양한 분야의 책을 만들었습니다. 이러한 책을 읽다 보면 독자들도 다양한 주제의 책을 쓰고 싶어 할 것입니다. 지금까지 챗GPT를 이용해서 쓰지 못한 분야의 책은 없었기에, 이를 활용해보는 것을 추천드립니다.

    로맨틱 코미디 소설을 쓰는 데 필요한 아이디어를 얻기 위해 챗GPT에 물어보았더니 다음과 같은 답변을 주었습니다.

로맨틱 코미디에 대한 책을 쓰려는데 네가 작가라고 생각하고 좋은 아이디어 10가지만 알려줘.

1. "연애의 비극적인 끝" - 첫사랑인 여자친구를 잃은 남자가 새로운 여성과 만난 후, 그녀가 이전의 여자친구와 너무 닮아 있어서 매우 혼란스러워한다.
2. "완벽한 남자" - 아름다운 여성은 모든 면에서 완벽한 남자를 만나지만, 그가 너무 완벽해서 실제로 사랑할 수 없다.
3. "절친한 친구들" - 절친한 친구 둘이 서로를 사랑하지만 서로의 감정을 숨기고 계속해서 친구로 남아 있다.
4. "낯선 사람과의 로맨스" - 여행 중에 남성과 여성이 서로 마주치고, 그들은 서로를 이해하고 사랑에 빠진다.
5. "처음 느낀 사랑" - 새로운 학교에 와서 첫사랑을 하는 고등학생이 상대의 마음을 얻기 위해 다양한 노력을 하면서 성장하는 이야기.
6. "성격이 정반대인 연인" - 엄격한 변호사와 여유로운 예술가가 서로를 사랑하고, 그들의 성격의 차이로 인해 어려움을 겪지만 서로 이해하고 자신의 문제를 해결한다.
7. "사랑과 가족" - 여성이 그녀의 가족이 싫어하는 남자와 사랑에 빠진 후, 그들은 그녀의 가족과 함께 일하면서 서로를 이해하고 존중하는 방법을 찾는다.
8. "우정에서 사랑으로" - 오랜 친구인 남성과 여성이 서로를 좋아하게 되고 그들은 서로를 위해 달라진 감정을 이해하기 위해 서로에게 가까워진다.
9. "로맨틱한 재회" - 전 여자친구와 남자친구가 오랜 시간이 지난 후 다시 만나서, 그들은 서로를 잊을 수 없고 다시 사랑에 빠진다.

10. "사랑의 경쟁" - 두 남성이 한 여성을 사랑하고, 그들은 서로를 이길 수 있을까? 그리고 이 사랑의 경쟁이 이들의 인생에 어떤 변화를 가져올까요?

위의 아이디어 중에서 관심 있는 주제가 있다면, 그 주제에 대해서 좀 더 깊이 있는 정보를 요청할 수 있습니다. 여기서는 위의 아이디어 중에서 4번에 대한 정보를 요청했습니다.

 4번에 대해서 캐릭터 프로필을 만들어줘. 구체적인 배경 스토리, 성격 특성, 목표 등에 대한 이야기를 덧붙여줘.

 캐릭터 프로필을 만들어드리겠습니다. "낯선 사람과의 로맨스"에 등장하는 남자 캐릭터 "이민호"에 대한 프로필입니다.

이름: 이민호 (Lee Min-ho)
나이: 32세
직업: 방송작가

구체적인 배경 스토리
이민호는 방송작가로 일하면서, 차세대 예능 스타들을 찾기 위해 전국을 돌아다니며 캐스팅을 진행하고 있습니다. 어느 날 그는 일상에 지치고 여행을 떠나, 여행 중에 우연히 만난 여성 "박서연"과 서로 마주치고, 그녀에게 끌리게 됩니다.

성격 특성
이민호는 차분하고 냉정한 외모에 맞게, 매우 이성적이고 분석적인 성격입니다. 그러나, 내면에는 따뜻한 마음을 가진 사람으로, 상대방에게 진심 어린 관심을 보이는 모습을 보입니다. 그리고 언제나 자신의 일에 최선을 다하는 집중력과 열정을 가지고 있습니다.

목표
이민호는 방송 작가로서, 차세대 예능 스타들을 발굴하고 성장시켜 국민적인 스타를 만들어내는 것을 목표로 삼고 있습니다. 그리고 이를 통해 일에 대한 책임감과 성취감을 느끼고, 자신이 희망하는 사랑도 이루어내고자 합니다.

이야기 전개
이민호는 여행 중에 우연히 만난 박서연에게 반해, 서로에게 점점 가까워지게 됩니다. 그러나, 박서연에게는 비밀이 있어서 이민호가 전혀 모르는 상황이죠. 그리고, 박서연은 이민호에게 고백을 하지 않고 매달 매일 새로운 이야기를 해주면서, 이민호에게 직접 마음을 전하지 않습니다.

이민호는 박서연의 이야기를 들으면서 그녀가 어떤 비밀을 가지고 있는지, 또 그녀의 마음을 얻기 위해 여러 방법을 시도합니다. 그러나, 박서연은 자신의 비밀을 숨기기 위해 열심히 노력하고, 이민호도 자신의 일에 바쁜 상황에서 박서연과의 시간이 줄어들면서 자신이 말을 제대로 못하는 상황에 놓이게 됩니다. 결국 이민호는 박서연과의 관계를 유지하기 위해 박서연의 비밀을 알아내려고 노력하고, 마침내 그녀에게 진실을 듣게 됩니다. 그 후, 이민호는 박서연을 이해하고, 그녀와 함께 이야기를 이어나가려 노력합니다.

이것은 이민호와 박서연이 서로의 개성과 배경, 그리고 마음속 깊은 곳에서 느껴지는 감정을 공유하면서, 서로에게 다가가고 서로를 이해하며 사랑에 빠지는 이야기입니다.

챗GPT가 이렇게 캐릭터에 대한 프로필을 작성해주었습니다. 각 항목에 대해서 구체적으로 물어볼 수도 있고, 캐릭터들에 대해서 더 물어볼 수도 있습니다. 이민호라는 남자 주인공 캐릭터가 나왔으니 여자 주인공으로 설정한 박서연이 궁금해서 박서연에 대한 캐릭터 프로필을 알려달라고 요청했습니다. 챗GPT는 앞의 대화를 기억하고 있기 때문에 답변에 이어서 질문을 던지면 앞의 답변과 연계해서 답해줍니다.

 박서연에 대한 캐릭터 프로필도 알려줘.

 캐릭터 프로필을 계속 만들어드리겠습니다. "낯선 사람과의 로맨스"에 등장하는 여자 캐릭터 "박서연"에 대한 프로필입니다.

이름: 박서연 (Park Seo-yeon)
나이: 29세
직업: 디자이너

구체적인 배경 스토리

박서연은 디자인 회사에서 일하고 있으며, 새로운 프로젝트를 진행하는 중에 스트레스를 받아 여행을 떠나게 됩니다. 여행 중에 우연히 만난 이민호와 서로에게 끌리게 됩니다.

성격 특성

박서연은 자신의 감정을 잘 숨기는 스타일이며, 참을성이 많고 따뜻한 마음을 가진 사람입니다. 그러나, 다른 사람들에게는 매우 차분하고 냉정한 인상을 주기 때문에 주변 사람들은 그녀의 진심을 파악하는 것이 쉽지 않습니다. 또한, 스트레스를 많이 받으면서 신중하게 생각하는 성격으로 인해 결정을 내리는 것이 어려워지기도 합니다.

목표

박서연은 디자인 회사에서 디자이너로 일하면서, 창의적인 작품을 만들어내는 것을 목표로 삼고 있습니다. 그리고, 디자인에 대한 열정과 자신의 성장을 이루어나가면서 사랑도 이루어내고자 합니다.

이야기 전개

박서연은 이민호와의 만남을 통해 서로에게 끌리게 되고, 이민호와 함께 지내면서 서로를 더 잘 알아가게 됩니다. 그러나, 박서연에게는 자신의 비밀이 있어서 이민호에게 직접 마음을 전하지 않습니다. 그녀는 자신의 비밀을 지키기 위해 언제나 신중하게 행동하고, 이민호와의 관계를 유지하기 위해 노력합니다.

그러나, 이민호와의 사랑을 유지하기 위해 자신의 감정을 숨기다 보니,

이민호에게 진실을 말하게 됩니다. 그 후, 이민호와 박서연은 서로의 감정을 이해하고, 서로를 위한 선택을 하며, 서로에게 더욱 다가가게 됩니다. 박서연은 이민호와 함께 인생의 다양한 경험을 나누면서, 서로의 마음을 얻기 위해 노력합니다.

이민호와 박서연은 서로의 성격과 배경이 달라서, 서로를 이해하기 어려웠습니다. 그러나, 서로의 감정에 진심을 보이고, 서로를 위한 선택을 함으로써 사랑을 이루어 나갑니다. 그리고, 서로를 이해하면서, 서로의 강점을 살리면서, 함께 삶을 이어나가는 이야기입니다.

놀랍죠? 이것만 봐도 뭔가 소설이 만들어지고 있는 느낌이 듭니다. 소설을 쓸 것이기 때문에 전체적인 스토리 라인과 목차를 보고 싶었습니다. 그래서 다시 물었습니다.

 이야기 전개를 좀 더 구체적으로 작성해줘. 장별로 구분해서 목차를 알려줘.

 좋습니다! "낯선 사람과의 로맨스" 이야기 전개를 좀 더 구체적으로 작성해드리겠습니다. 아래는 간단한 목차입니다.

1장. 우연한 만남
박서연의 여행
이민호와의 우연한 만남
서로에게 끌리게 되는 순간
2장. 서로를 이해하기 위한 노력
서로의 성격 차이

박서연의 비밀

이민호의 직업과 바쁜 일상

3장. 감정의 변화

박서연의 감정 변화

이민호의 진심 어린 관심

서로에게 다가가기 시작하는 순간

4장. 박서연의 진실

박서연의 비밀을 숨기는 데 실패하다

이민호와의 갈등과 어려움

박서연이 직접 말한 진실

5장. 서로를 이해하고, 사랑을 이루다

서로의 마음을 이해하며, 서로를 위한 선택

이민호와 박서연의 더욱 성숙한 사랑

서로의 강점을 살리면서, 함께 삶을 이어나가는 이야기

위와 같이, 각 장마다 이야기의 전개를 구체적으로 서술할 수 있습니다. 각 장에서는 각각의 이야기 요소를 중심으로 전개됩니다. 이민호와 박서연이 서로를 이해하고, 사랑을 이루어가는 과정에서 서로의 강점과 약점을 발견하면서 더욱 성장하는 모습을 그릴 수 있습니다. 추가적으로 각 장의 내용을 좀 더 구체적으로 작성해드리겠습니다.

1장. 우연한 만남
박서연은 일상에 지쳐 여행을 떠납니다. 그리고 그녀는 이민호와 우연히 만나게 됩니다. 이민호는 전국을 돌며 새로운 예능 스타를 찾고 있는 방송작가입니다. 이민호와 박서연은 서로에게 이끌리게 되며, 그때부터 서로를 알아가는 이야기가 시작됩니다.

2장. 서로를 이해하기 위한 노력
이민호와 박서연은 서로의 성격 차이와 직업, 일상에서의 어려움으로 인해 서로를 이해하는 데 어려움을 겪습니다. 박서연은 이민호에게 자신의 비밀을 숨기고, 이민호는 자신의 바쁜 일상에 집중하고 있습니다. 그러나, 서로에게 관심을 보이며, 서로를 이해하려는 노력을 하면서 서로에게 다가가기 시작합니다.

3장. 감정의 변화
박서연은 이민호의 진심 어린 관심에 점점 더 끌리게 되면서, 자신의 감정이 변하는 것을 느끼게 됩니다. 이민호도 박서연에게 진심 어린 관심을 보이면서, 서로의 마음을 얻으려 노력합니다. 그 결과, 서로에게 점점 더 다가가면서 서로에 대한 감정이 깊어집니다.

4장. 박서연의 진실
박서연은 이민호에게 자신의 비밀을 숨기고 싶어 했지만, 결국 그녀의 비밀은 밝혀지게 됩니다. 이민호는 박서연의 고백을 듣고, 그녀에게 진심 어린 이해와 지지를 보입니다. 그리고, 서로를 위한 선택을 하면서, 서로의 감정을 더욱 깊이 이해하고, 서로를 위한 이야기를 이어나갑니다.

5장. 서로를 이해하고, 사랑을 이루다
이민호와 박서연은 서로의 강점과 약점을 파악하며, 서로를 이해하는 데 성공합니다. 그리고, 더욱 성숙한 사랑을 이루어 나가면서, 서로의 목표를 이루기 위해 노력하고, 서로의 마음을 키우며, 삶을 함께 이어나가는 이야기를 그릴 수 있습니다.

이야기 전개에 따라, 이민호와 박서연이 함께하는 여행, 서로의 직업과

> 일상에서의 어려움, 박서연의 비밀, 감정의 변화 등을 다룰 수 있습니다. 이야기의 각 장에서는 이야기를 이끌어가는 다양한 이야기 요소들을 중심으로 서사가 전개됩니다. 그리고, 이야기를 통해 서로를 이해하고, 사랑을 이루어나가는 이민호와 박서연의 모습을 그려낼 수 있습니다. 이야기 전개에서는 적절한 장면과 다양한 대화를 활용하여, 독자들이 이야기에 빠져들 수 있도록 구성할 수 있습니다.

각각의 장을 정리해주었고 장마다 어떤 내용이 들어가야 하는지에 대해서 일목요연하게 정리가 되어 나왔습니다. 대화를 하다 보면 챗GPT가 말을 하다가 마는 경우가 있는데, 답변이 너무 길어질 경우 토큰이 부족해 중간에 잘립니다. 그때는 "계속"이라는 단어를 입력하면 이어서 답변을 작성해줍니다. 근데 간혹 엉뚱하게 대답하기도 하니 그럴 때는 "continue", "이어서 작성해 줘" 등 비슷한 뉘앙스의 단어를 입력해주면 됩니다. 또는 오른쪽 하단의 "Continue generating" 버튼을 클릭하면 이어서 작성해줍니다.

이번에는 소설이 아니라 저의 전문 분야인 마케팅에 대해서 아이디어를 얻고 본문을 작성해보았습니다. 챗GPT에 입력한 내용과 답변은 다음과 같습니다.

 인스타그램 마케팅에 관한 책을 쓰고 싶은데 아이디어를 10개만 알려줘. 네가 마케팅 전문가라고 생각하고 개인이나 기업을 독자로 설정해서 알려줘.

인스타그램 마케팅에 관한 책을 쓰고 싶다면 다음과 같은 아이디어를 고려해볼 수 있습니다. 이 아이디어는 마케팅 전문가로서 기업 및 개인 독자를 고려한 것입니다.

1. 인플루언서 마케팅에 대한 기초 지식
2. 인스타그램 알고리즘의 작동 방식과 최신 업데이트
3. 인스타그램 스토리를 활용한 마케팅 전략
4. 라이브 방송을 활용한 마케팅 전략
5. 해시태그 전략과 관리 방법
6. 쇼핑 기능을 활용한 인스타그램 마케팅
7. 광고 캠페인의 계획과 실행 방법
8. 제품 및 브랜드 이미지를 제고하기 위한 포스팅 전략
9. 인스타그램 비즈니스 계정의 활용과 분석 방법
10. 대화형 콘텐츠를 활용한 마케팅 전략

이러한 아이디어를 바탕으로 책을 구성하면, 기업 및 개인이 인스타그램을 활용한 마케팅 전략을 성공적으로 계획하고 실행할 수 있도록 도와줄 수 있습니다.

마케팅 전문가의 입장에서 봤을 때 이 답변은 매우 훌륭합니다. 솔직히 제가 생각하지 못한 주제도 있습니다. 라이브 방송을 활용한 마케팅 전략이나 대화형 콘텐츠를 활용한 마케팅 전략은 생각치 못했는데 흥미로운 주제라고 생각됩니다. 특히 대화형 콘텐츠를 활용한 마케팅 전략은 쉽게 생각하기 어려운 주제였습니다.

여기서 좀 더 나아가서 각 장별로 하위 항목을 작성해 달라고 해 보겠습니다. 일반적인 크기의 책을 기준으로 200페이지 분량의 실용서를 쓴다고 했을 때 10개의 장으로 원고를 구성하고 장당 3~4개의 절, 1절당 3~4개의 항으로 잡으면 책 한 권이 나옵니다. 이 경우 1개의 항의 분량은 A4용지 반 장에서 한 장 정도가 적당합니다. 이렇게 계산하면 책 1권의 분량은 A4 용지를 기준으로 100장 정도이고, 200자 원고지를 기준으로 하면 700매 정도입니다. 계산해보면 14만 자 정도의 원고가 1권의 책이 되는 것이죠.

장이 만들어졌으니 다음으로는 장마다 10개씩 하위 주제를 뽑아달라고 요청했습니다. 처음부터 장과 10개의 절을 지정해달라고 하고 절마다 2000자 분량의 글을 넣어달라고 할 수도 있지만 2장에서 언급했던 토큰이 부족해 제대로 된 답변을 주지 못하는 문제가 발생할 수 있습니다. 여기서는 먼저 1장의 하위 주제만 추려서 보여드리겠습니다.

 여기서 1번에서 10번까지를 장으로 지정할게. 장별로 10개씩 하위 주제를 뽑아줘.

 책의 구성을 위해 요청하신 대로, 아래는 인스타그램 마케팅 책의 장별 하위 주제 아이디어입니다.

1장: 인플루언서 마케팅에 대한 기초 지식
인플루언서 마케팅이란?

인플루언서를 선정하는 방법

인플루언서와 협약하는 방법

인플루언서의 포스팅을 모니터링하는 방법

인플루언서 마케팅 예산 관리 방법

인플루언서 마케팅의 효과 측정 방법

인플루언서 마케팅 성공 사례 분석

인플루언서 마케팅의 잠재적인 위험 요소

인플루언서 마케팅과 인플루언서의 미래

인플루언서 마케팅의 대안 전략

장에 이어서 이제 절까지 만들어졌습니다. 이제 1장 1절의 내용을 2000자 분량의 글로 작성해달라고 요청했습니다.

1장의 1절에 대해서 2000자 분량의 글을 작성해줘

인스타그램은 현재 전 세계적으로 가장 인기 있는 소셜 미디어 중 하나이며, 많은 기업들이 인스타그램을 활용하여 마케팅 전략을 구성하고 있습니다. 인스타그램을 활용하는 것은 고객들과 직접적인 상호작용을 하기 위한 좋은 방법이며, 기업들은 인스타그램을 통해 고객들과의 연결고리를 강화하고 브랜드 이미지를 구축하는 데 큰 도움을 받을 수 있습니다. 인스타그램을 효과적으로 활용하기 위해서는 먼저 인스타그램의 특징과 장단점을 이해해야 합니다. 인스타그램은 사진 및 동영상 기반의 소셜 미디어로, 비주얼적 요소에 중점을 둔 콘텐츠가 주를 이루고 있습니다. 이에 따라 인스타그램은 시각적 매체에 강점을 가지며, 기업들은 이를 활용하여 제품 또는 브랜드의 시각적 매력을 강화하고 고객들의 관심을 끌어내는 마케팅 전략을 구성할 수 있습니다.

하지만 인스타그램의 단점도 무시할 수 없습니다. 인스타그램은 사진 및 동영상 콘텐츠가 주를 이루기 때문에, 텍스트 기반의 콘텐츠나 긴 설명이 필요한 콘텐츠에는 적합하지 않을 수 있습니다. 또한 인스타그램은 플랫폼 내에서의 많은 경쟁 상황으로 인해, 기업들은 고객들의 관심을 끌기 위해서는 새로운 아이디어와 창의성이 필요할 수 있습니다.

따라서 기업들은 인스타그램을 활용한 마케팅 전략을 구성할 때, 인스타그램의 장점과 단점을 모두 고려해야 합니다. 이를 위해서는 먼저 기업의 목표와 타깃 마케팅 그룹에 대한 이해가 필요합니다. 기업은 고객들의 관심을 끌어내기 위해 새로운 아이디어와 창의성이 필요하지만, 그만큼 기업의 목표와 타깃 마케팅 그룹을 잘 파악하여 이를 바탕으로 인스타그램에서 활용할 수 있는 적합한 콘텐츠와 전략을 구성해야 합니다.

또한 인스타그램을 활용한 마케팅 전략 구성에 있어서, 제품 또는 브랜드의 시각적 매력을 강조하는 것이 중요합니다. 인스타그램은 비주얼적 요소에 강점이 있는 플랫폼이므로, 제품 또는 브랜드의 시각적 매력을 강조하여 고객들의 관심을 끌어내는 것이 중요합니다. 이를 위해서는 고품질의 사진 및 동영상 촬영 기술과 디자인 능력이 필요하며, 이를 통해 고객들의 시선을 끌어낼 수 있는 창의적인 아이디어와 콘텐츠를 제작해야 합니다.

또한 인스타그램에서는 고객들과의 상호작용을 위한 다양한 기능들이 제공되고 있습니다. 기업들은 이를 활용하여 고객들과의 상호작용을 강화하고 브랜드 이미지를 제고하는 전략을 구성할 수 있습니다. 예를 들어, 인스타그램 스토리 기능을 활용하여 기업의 제품 또는 브랜드를 소개하고, 고객들의 질문에 답하는 등의 상호작용을 할 수 있습니다. 또한 인스타그램 라이브 기능을 활용하여 기업의 새로운 제품 출시 및 이벤트 소식을 전달하고, 고객들의 생생한 반응을 확인할 수 있습니다.

최근 인스타그램에서는 쇼핑 기능도 제공되고 있습니다. 인스타그램 쇼핑 기능을 활용하면, 고객들은 인스타그램에서 바로 제품을 구매할 수 있으며, 기업들은 이를 활용하여 새로운 세일즈 전략을 구성할 수 있습니다.

따라서 기업들은 인스타그램을 활용하여 제품 또는 브랜드의 시각적 매력을 강조하고, 고객들과의 상호작용을 강화하여 브랜드 이미지를 제고하는 마케팅 전략을 구성할 수 있습니다. 이를 위해서는 고객들의 관심과 요구에 따라 다양한 콘텐츠를 제작하고, 인스타그램의 다양한 기능들을 활용하여 고객들과의 상호작용을 강화할 수 있어야 합니다. 또한 기업들은 인스타그램에서 제공하는 다양한 분석 도구를 활용하여 마케팅 성과를 평가하고, 보다 효과적인 전략 구성을 위해 지속적으로 개선하고 발전시켜 나가야 합니다.

하지만 마케팅 전략을 구성하는 것은 쉬운 일이 아닙니다. 특히 인스타그램은 플랫폼 내에서의 경쟁이 심하므로, 기업들은 타깃 마케팅 그룹에 적합한 콘텐츠와 전략을 구성해야 하며, 이를 위해서는 지속적인 조사와 분석이 필요합니다. 또한 인스타그램의 새로운 기능과 트렌드를 파악하여 적극적으로 활용하고, 고객들과의 상호작용을 강화하는 전략을 구성해야 합니다.

마지막으로 인스타그램 마케팅 전략은 지속적인 개선과 발전이 필요합니다. 기업들은 인스타그램을 활용한 마케팅 전략을 구성한 이후에도 지속적으로 분석과 평가를 통해 전략을 개선하고 발전시켜야 합니다. 이를 위해서는 고객들의 피드백을 수집하고 분석하여, 보다 효과적인 마케팅 전략을 구성할 수 있어야 합니다.

2000자 분량이라는 요청에 맞게 2065자로 써줬다는 점이 신기하고 내용도 매우 훌륭합니다. 다만 최근에 인기 있는 릴스에 대한 언급이 없는 것을 보면 최신 정보가 반영되지 않았다는 점을 알 수 있습니다. 이러한 문제가 어디서든 발생할 수 있으니 챗GPT가 내놓은 대답을 무조건 신뢰하기보다는 사용자가 문제점을 파악하고 보완할 수 있도록 챗GPT와의 채팅 내역을 꼼꼼히 읽어야 합니다.

2

개요 심화하기

앞에서 말한 바와 같이 책을 쓸 때는 장르, 주제, 스토리와 목차 작성, 개요 정리, 콘셉트 확정과 구조와 플롯의 계획 등 다양한 점들을 고려해야 합니다. 따라서 챗GPT에 질문할 때는 아무 맥락 없이 질문을 하지 말고 구체적인 상황과 역할 등을 제시해주면 좀 더 좋은 답변을 해줍니다. 아래의 사례처럼 '작가'라는 역할을 부여하고 상황과 목적을 설정해보았습니다.

네가 굉장히 유명한 베스트셀러 소설을 쓴 작가라면 톰과 제리가 싸울 때 톰이 항상 지고, 제리가 잘 빠져나가는 것처럼 아이들을 위한 권선징악적인 글의 개요를 작성해줘.

제목: 제리의 모험

개요: 제리는 작은 마을의 불우한 아이로 태어났다. 어릴 적부터 제리는 항상 머리를 쳐들고 다니는 동네 괴짜 톰과의 싸움을 피하지 않았다. 하지만 언제나 톰이 이기고, 제리는 상처 입은 채로 도망쳤다.

어느 날, 제리는 자신의 용기와 결단력을 시험하는 모험을 떠난다. 그는 마을 바깥으로 나가 미지의 세계를 탐험하기로 결심한다. 그러나 길을 가다가 제리는 무서운 괴물과 마주친다. 제리는 괴물과 싸움을 벌이지만, 그는 톰과의 싸움과는 달리 이번에는 이기고 말았다.

그 후, 제리는 여러 가지 모험을 겪으며 더욱 강해지고 용감해진다. 그는 마침내 마을로 돌아와 톰과 마주한다. 이번에는 톰이 제리에게 도전하고, 둘은 격렬한 싸움을 벌인다. 하지만 이번에는 제리가 이기고, 톰은 도망쳐 버린다.

제리는 마을에서 영웅으로 칭송받고, 그의 용기와 결단력은 모든 어린이들에게 전해진다. 이제 제리는 톰과 싸움에서 항상 이기는 용사가 되었다.

이렇게 개요가 나오면 보통의 책들이 장Chapter으로 나뉘어 있는 것처럼 개요에 맞게끔 장을 나눠 달라고 해봅니다.

이 개요의 내용을 10개의 장으로 나눠줘.

장 구성은 아래와 같이 나눌 수 있습니다:

1. Prologue: 제리의 출생과 톰과의 첫 싸움

1장: 제리의 모험을 떠나기 전, 마을의 다른 아이들과의 상호작용

2장: 제리가 마을을 떠나, 미지의 세계로 나아가는 여정 시작

3장: 제리가 괴물과 마주친 첫 번째 싸움

4장: 제리가 다른 동물들과 만나는 여정

5장: 제리가 늑대와의 대결을 벌이는 중, 얻은 신기한 아이템

6장: 제리가 몬스터들과의 마지막 싸움을 벌이고, 마을로 향하는 길을 찾는 중

7장: 제리가 마을에 도착하고, 이전에 다른 아이들과의 상호작용을 이어감

8장: 제리와 톰의 대결, 그리고 제리의 승리

Epilogue: 제리의 승리를 계기로 마을에서 일어나는 변화, 그리고 제리의 새로운 모험을 앞둔 마무리

10개로 나누었고, 여기서 다시 10개의 절을 만들어볼 수도 있습니다. 다만 여기서는 절을 만드는 대신 1장의 내용을 1000자 이하로 작성해 달라고 요청하겠습니다.

 1장의 내용을 1000자 이하로 작성해줘.

 1장: 마을에서의 일상

작은 마을에서 태어난 제리는 어린 시절부터 동네 괴짜 톰과 싸움을 벌이며 자랐다. 그러나 언제나 톰이 이기고, 제리는 상처 입은 채로 도망쳐야만 했다. 이번에는 다르다. 제리는 자신의 용기와 결단력을 시험하는 모험을 떠나기로 결심하고, 그의 여정을 시작한다.

제리가 모험을 떠나기 전에는 마을에서의 일상이 그의 일상이었다. 마을에서는 항상 무언가가 일어나곤 했다. 어린아이들은 주로 공원에서 놀거나, 서로의 집에 가서 놀았다. 제리는 여러 아이들과 친구들이었지만, 동시에 항상 톰과의 싸움을 피하지 않았다.

제리는 어린 시절부터 자신이 어떤 아이인지, 그리고 어떤 삶을 원하는지에 대해 생각해 보았다. 그는 언제나 마을의 다른 아이들과 다른 존재감

을 느끼고 있었다. 그는 자신이 이 세상에서 무엇을 해내야만 한다는 생각을 가지고 있었다. 그러나 마을에서는 이러한 생각을 내뱉으면 '욕설'로 대우받기 일쑤였다. 따라서 그는 자신의 꿈을 이루기 위해 혼자 나서기로 결심했다.

제리는 어느 날, 마을 밖으로 나가 미지의 세계를 탐험하기로 결심한다. 이를 위해 준비를 하기 시작한다. 그는 여러 가지 도구와 음식을 준비하고, 자신의 가족과 다른 아이들에게 이별을 고하고 제리는 마을을 떠난다. 이번 여행에서, 제리는 자신의 용기와 결단력을 시험하며 성장할 것이다. 그는 동물들과 대화를 나누며, 이상한 장소에서 잠을 자야 할 수도 있을 것이다. 하지만 그는 그 모든 것을 이겨낼 자신감이 있다. 마을에서의 일상을 벗어나, 제리는 새로운 모험을 시작한다.

보시다시피 앞에 나온 개요와 목차에 따라 1장이 잘 구현되었습니다. 750자 내외의 글로 작성되어 1000자 이하라는 요청도 잘 들어주었습니다. 다음으로는 이 내용을 500자로 요약해달라고 요청하고 예상 독자를 설정해주었습니다.

 1장의 내용을 6세 아이가 이해하고 흥미를 느낄 수 있게 500자로 작성해줘.

 1장: 마을에서의 일상
제리는 작은 마을에서 태어난 아이이다. 마을에서는 항상 무언가가 일어나고 있었다. 제리는 여러 아이들과 함께 공원에서 놀거나, 서로의 집에 가서 놀았다. 하지만 그는 괴짜 톰과의 싸움을 피하지 않았다.
제리는 어린 시절부터 자신이 어떤 아이인지, 그리고 어떤 삶을 원하는지에 대해 생각해 보았다. 마을에서는 이러한 생각을 내뱉으면 핀잔을 받기 일쑤였다. 따라서 그는 자신의 꿈을 이루기 위해 혼자 나서기로 결심했다.
어느 날, 제리는 마을 밖으로 나가 미지의 세계를 탐험하기로 결심한다. 그는 여러 가지 도구와 음식을 준비하고, 자신의 가족과 다른 아이들에게 이별을 고한다. 그리고 제리는 마을을 떠난다.
제리는 이제 새로운 모험을 시작한다. 그는 동물들과 대화를 나누며, 이상한 장소에서 잠을 자야 할 수도 있을 것이다. 하지만 그는 그 모든 것을 이겨낼 자신감이 있다. 어떤 모험을 겪게 될지, 함께 기다려 보자!

500자 이하라는 요청에 따라 470여 자로 써줬고 6세 아이를 대상으로 하는 만큼 욕설 같은 비속어가 핀잔처럼 평범한 용어로 대체되었습니다. 여기서 그치지 않고 높임말로 바꿔달라고 요구했습니다.

 높임말로 다시 작성해줘.

 1장: 마을에서의 일상
제리는 작은 마을에서 태어나 어린 시절을 보냈습니다. 마을에서는 항상 다양한 일들이 일어나고 있었습니다. 제리는 여러 아이들과 함께 공원에서 놀거나, 서로의 집에 가서 놀았으며, 이를 통해 친구들과 함께 시간을 보냈습니다. 그러나 동시에, 제리는 머리를 쳐들고 다니는 괴짜인 톰과의 싸움에서도 자신을 내세웠습니다.

어린 시절부터 제리는 자신의 정체성과 그에게서 원하는 삶에 대해 깊이 생각했습니다. 하지만 마을에서는 이러한 생각을 밝히면 핀잔을 받기도 했습니다. 이에 따라, 제리는 자신의 꿈을 이루기 위해 혼자 나서기로 결심하게 되었습니다.

그러던 어느 날, 제리는 마을을 벗어나 미지의 세계를 탐험하기로 결심합니다. 그는 여러 가지 도구와 음식을 준비하고, 자신의 가족과 다른 아이들에게 이별을 고합니다. 이제 제리는 자신만의 모험을 시작합니다.

새로운 모험에서, 제리는 동물들과 대화를 나누며 이상한 장소에서도 자신감을 가지고 대처합니다. 제리는 어떤 모험을 겪게 될지 모릅니다. 하지만 그의 용기와 결단력으로 인해, 그는 두려움을 극복하며 새로운 모험을 이끌어 나갈 것입니다.

이것 외에도 원하는 작가의 스타일로 작문도 가능하고, 감정을 넣어서 작성을 해 달라고 할 수도 있습니다. 원하는 결과물이 나올 때까지 질문하면서 계속 시도해보면 글의 형식을 잡아갈 수 있을 것입니다.

이번에는 실용서를 작성해보겠습니다. 먼저 목차를 구성해보도록 하겠습니다. 앞서 이야기했듯 실용서는 10개의 장에 장마다 3~4개의 절이 들어가고, 한 절마다 3~4개의 항으로 구성됩니다. 토큰 문제가 있으니 여기서는 장을 먼저 만들어 달라고 요청했습니다.

 나는 내가 베스트셀러 작가로 활동하기를 원해, [꿈을 이루는 방법]이라는 주제로 실용서 책을 쓰려고 하는데 목차를 작성해줘. 목차는 10개의 장만 만들어줘. 아래 절이나 항은 만들지 말고 딱 10개의 장으로 구성해줘.

물론이죠. "꿈을 이루는 방법"이라는 주제에 맞는 10개의 장으로 구성된 목차를 아래에 제시하겠습니다:

1장: 꿈의 정의 - 자신만의 꿈을 찾는 방법
2장: 꿈을 이해하기 - 꿈이 자신에게 어떤 의미인지 파악하기
3장: 목표 설정 - 꿈을 이루기 위한 세부 목표 구체화
4장: 계획 수립 - 꿈을 이루기 위한 효과적인 로드맵 만들기
5장: 동기 부여 - 스스로를 계속 동기부여하는 전략
6장: 부딪히고 극복하기 - 장애물과 실패에 대처하는 방법
7장: 꾸준함의 힘 - 꾸준히 노력하는 방법과 그 중요성
8장: 지원망 구축 - 주변의 지원을 받아 꿈을 이루는 방법
9장: 성장과 발전 - 꿈을 이루는 과정에서의 개인적인 성장 인식
10장: 꿈의 실현 - 꿈을 이루었을 때의 성취감 및 그 이후의 삶

이 목차는 꿈을 찾고, 그 꿈을 이루는 과정을 지침서로서 도와주고자 하는 내용을 포함하고 있습니다. 각 장은 꿈을 이루는 데 중요한 각각의 단계를 상세히 다룰 것입니다.

10개의 장이 잘 만들어졌습니다. 또 목차를 보자마자 실용서라는 느낌이 잘 나타나도록 만들어주었다는 점을 알 수 있습니다. 다음에는 장마다 절을 3개씩 만들어보도록 하겠습니다.

 각 장마다 3개의 절을 만들어줘.

 물론입니다. 각 장에 대해 세부적인 절을 아래와 같이 제안해 드릴게요:

1장: 꿈의 정의 - 자신만의 꿈을 찾는 방법

1.1절: 내면의 목소리 듣기

1.2절: 자신의 관심사 탐색하기

1.3절: 꿈을 명확히 정의하기

2장: 꿈을 이해하기 - 꿈이 자신에게 어떤 의미인지 파악하기

2.1절: 꿈의 중요성 인지하기

2.2절: 꿈에 대한 내재적 가치 이해하기

2.3절: 꿈과 실제 삶의 관계 파악하기

3장: 목표 설정 - 꿈을 이루기 위한 세부 목표 구체화

3.1절: SMART 목표 설정법 이해하기

3.2절: 장기 및 단기 목표 설정하기

3.3절: 목표를 일상에 통합하기

4장: 계획 수립 - 꿈을 이루기 위한 효과적인 로드맵 만들기

4.1절: 단계별 목표 세우기

4.2절: 효율적인 시간 관리 방법

4.3절: 계획의 유연성 유지하기

5장: 동기 부여 - 스스로를 계속 동기부여하는 전략

5.1절: 스스로를 격려하는 방법

5.2절: 긍정적인 마음가짐 유지하기

5.3절: 성취와 보상 시스템 구축하기

6장: 부딪히고 극복하기 - 장애물과 실패에 대처하는 방법

6.1절: 실패를 학습의 기회로 바라보기

6.2절: 회복력 강화하기

6.3절: 문제 해결 전략 구축하기

7장: 꾸준함의 힘 - 꾸준히 노력하는 방법과 그 중요성

7.1절: 일정관리와 우선순위 설정

7.2절: 습관의 힘 이해하기

7.3절: 지속적인 피드백과 개선

8장: 지원망 구축 - 주변의 지원을 받아 꿈을 이루는 방법

8.1절: 도움을 청할 줄 아는 능력

8.2절: 멘토십 및 네트워킹

8.3절: 사회적 지원의 중요성 이해하기

9장: 성장과 발전 - 꿈을 이루는 과정에서의 개인적인 성장 인식

9.1절: 꿈을 향한 여정에서의 자기발견

9.2절: 성장의 증거 인식하기

9.3절: 자기 향상을 위한 계속된 학습

10장: 꿈의 실현 - 꿈을 이루었을 때의 성취감 및 그 이후의 삶

10.1절: 성공의 순간을 축하하기

10.2절: 꿈의 실현 이후의 삶 계획하기

10.3절: 다음 목표 설정하기

> 이렇게 각 장을 세분화하여 절을 구성하면, 각 주제에 대해 더 상세하게 다루고 통찰을 제공할 수 있을 것입니다.

장마다 장을 보완해주는 3개의 절이 만들어졌습니다. 다음으로는 1장의 3절에 항을 3개씩 만들어 보겠습니다. 챗GPT가 알려준 대로 각 장을 세분화해서 절을 구성하면 좀 더 체계적이면서 논리적으로 주제를 다루고 독자에게는 새로운 정보와 통찰을 줄 수 있습니다.

 1장에 대해서 절마다 항을 3개씩 만들어줘.

 물론입니다. 1장에 대한 각 절을 세분화하여 3개의 항으로 나누어 보겠습니다:

1장: 꿈의 정의-자신만의 꿈을 찾는 방법

1.1절: 내면의 목소리 듣기

1.1.1항: 자기 성찰의 중요성

1.1.2항: 내면의 목소리에 귀 기울이기

1.1.3항: 진정한 열망과 열정 찾기

1.2절: 자신의 관심사 탐색하기

1.2.1항: 다양한 경험의 중요성

1.2.2항: 자신의 취향과 재능 분석하기

1.2.3항: 관심사를 직업으로 연결시키기

1.3절: 꿈을 명확히 정의하기

1.3.1항: 꿈에 대한 명확한 이미지 그리기

1.3.2항: 꿈을 세분화하고 정량화하기

1.3.3항: 꿈에 대한 이해를 깊게 하기

각 항목은 자세한 주제나 개념을 고려하여 제작되었습니다. 이를 통해 독자들이 꿈을 찾고 그것을 명확히 정의하는 방법에 대한 더 깊은 이해를 얻을 수 있을 것입니다.

항이 들어가면서 내용이 더 세분화된 것을 확인할 수 있습니다. 그 다음에 이어서 바로 작성할 수도 있겠지만 그보다는 질문의 수정 기능을 활용해 같은 작업을 반복해보겠습니다. 질문의 오른쪽에 마우스를 갖다대면 와 같은 아이콘이 하나 뜹니다. 이것이 프롬프트 수정 기능인데, 이 아이콘을 클릭하면 내용을 수정할 수도 있고 이어서 작성한 채팅 내용을 보존할 수 있습니다. 앞의 '1장'을 '2장'으로 수정해보았습니다.

 2장에 대해서 절마다 항을 3개씩 만들어줘.

물론이죠. 2장: 꿈을 이해하기 - 꿈이 자신에게 어떤 의미인지 파악하기에 대한 세부적인 항을 다음과 같이 제안하겠습니다:

2.1절: 꿈의 중요성 인지하기

2.1.1항: 꿈이 주는 동기와 영감

2.1.2항: 꿈을 향한 첫 걸음의 중요성

2.1.3항: 꿈의 영향력: 개인과 사회

2.2절: 꿈에 대한 내재적 가치 이해하기
2.2.1항: 꿈의 개인적 가치 인식
2.2.2항: 꿈의 정신적, 감성적 가치 이해하기
2.2.3항: 꿈을 통한 자아 실현의 중요성

2.3절: 꿈과 실제 삶의 관계 파악하기
2.3.1항: 꿈과 현실 사이의 균형
2.3.2항: 꿈을 실제 생활에 어떻게 연결시킬 것인가
2.3.3항: 꿈을 추구하는 것이 현실에서 어떻게 나를 변화시키는가

이렇게 각 절을 더 세분화하여 항으로 나누면, 각 주제에 대해 더욱 심층적으로 다룰 수 있습니다.

이처럼 프롬프트 수정 기능을 통해서 1장을 2장으로 바꿔주고 초록색으로 된 Save & Submit 버튼을 눌러주면 그 자리에서 바로 새로운 답변을 해줍니다. 이렇게 하면 10개의 장마다 3개의 절을 만들고 또 각 절마다 3개의 항을 만들어 목차를 완성할 수 있습니다.

3

아이디어 도출 시 고려해야 할 사항

 챗GPT로 책을 쓸 때 소설이나 동화책처럼 창의력이 필요한 책을 쓸 때에는 팩트체크를 하지 않아도 되거나 간단한 수준의 팩트체크만 하면 되지만, 기술서나 역사 책처럼 사실이 중요한 책을 쓸 때에는 팩트체크가 반드시 필요합니다. 따라서 이런 책을 쓸 때에는 자신이 명확하게 팩트체크할 수 있는 전문 영역에 한해서만 챗GPT를 활용하는 것이 가장 좋을 것 같습니다.

 많은 사람들의 선택을 받으려면 책의 전문성이 높아야 합니다. 그러나 이 작업은 시간과 노력이 많이 필요하고 또 확인한 정보가 거짓이 아닌지도 파악하기 위해 여러 자료를 비교해 가며 크로스 체크를 해야 합니다. 이 작업이 매우 번거로운데 챗GPT를 사용할 때 빙을 활용한다면 손쉽게 팩트체크를 할 수 있습니다. 많은 과정을 거쳐야 하는 작업을 마우스 클릭 한두 번으로 끝낼 수 있으면서도 작업 속도도 빠르다는 점이 무엇보다도 가장 큰 장점입니다. 지금부터는 이 과정을 설명해보겠습니다.

[그림 3-1] 빙 메인 화면 모습

[그림 3-2] 마이크로소프트에 로그인한 뒤 채팅을 할 준비가 된 화면

먼저 빙 홈페이지인 Bing.com에 접속하면 [그림 3-1]과 같은 모습이 화면에 뜹니다. 그전에 먼저 마이크로소프트 계정을 만들고 로그인한 뒤 메인 화면에 있는 [자세한 정보]를 클릭하면 새로운 창이 뜨면서 [그림 3-2]와 같은 모습이 뜨는데 [지금 채팅]을 클릭하면 이제 빙챗을 이용할 수 있습니다.

[그림 3-3] 빙챗 메인 화면

　빙챗에 접속해서 프롬프트 입력란에 질문을 입력하면 됩니다. 질문을 하기 전에 '보다 창의적인', '보다 균형 있는', '보다 정밀한' 같은 부분을 설정할 수 있는데 창의적일수록 신뢰도는 조금 떨어지지만 색다르고 참신한 답변을 얻어낼 수 있는 반면 정밀할수록 새롭고 신선하지는 않으나 신뢰도가 높은 답변을 얻어낼 수 있습니다. 처음 사용할 때는 두 요소가 균형 잡힌 채로 세팅되어 있으니 사용자가 원하는 방향으로 설정하면 됩니다.

　빙챗에 질문했을 때의 가장 좋은 점은 최신 정보를 바탕으로 답변을 주고 출처를 명기해서 신뢰도를 높여준다는 점입니다. 또 챗GPT에서 결제를 해야 사용할 수 있는 GPT-4 수준의 모델이 적용되어 있는데 무료라는 것도 큰 장점입니다.

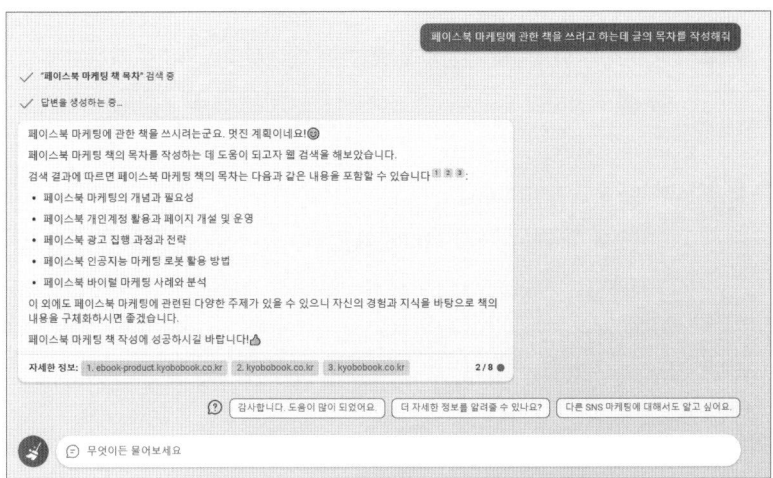

[그림 3-4] 빙챗에 질문을 하고 답변을 받은 모습

다만 빙챗의 단점으로 마이크로소프트사가 만든 엣지 브라우저에서는 최대 4000자까지의 프롬프트를 작성할 수 있지만 크롬이나 사파리 같은 다른 브라우저에서는 최대 2000자까지만 작성할 수 있습니다. 또 엣지 사용자는 동일한 대화에서 최대 30개까지 질문을 할 수 있지만 다른 브라우저에서는 그렇지 못하다는 것이 아쉬운 점이라고 할 수 있습니다.

챗GPT에서도 팩트체크를 할 수 있는 방법이 있습니다. 원래 브라우징Browsing이라는 기능은 빙 검색 결과를 가지고 빙챗처럼 출처를 알려줬습니다. 이 책이 출간되는 시점에는 보완을 위해 잠시 기능이 비활성화되어 있는데 대신 플러그인을 사용하면 어느 정도는 효과를 볼 수 있습니다.

앞의 목차 중에 "페이스북 마케팅의 개념과 필요성"에 대해 팩트체크가 필요하니 챗GPT에 물어보겠습니다.

"페이스북 마케팅의 개념과 필요성"에 대해서 2000자로 작성해 주고 출처를 작성해줘.

 페이스북 마케팅의 개념

페이스북 마케팅은 소셜 미디어 플랫폼인 페이스북을 활용하여 기업이나 브랜드의 제품이나 서비스를 홍보하고, 고객과의 관계를 구축하는 마케팅 전략입니다. 이는 페이스북 페이지, 광고, 이벤트, 그룹 등 다양한 기능을 활용하여 이루어집니다. 페이스북은 전 세계적으로 수십억 명의 사용자를 보유하고 있어, 다양한 타깃 고객에게 효과적으로 접근할 수 있는 플랫폼입니다.

페이스북 마케팅의 필요성

대규모 사용자 베이스: 페이스북은 전 세계적으로 약 29억 명의 월간 활성 사용자를 가지고 있습니다. 이러한 대규모 사용자 베이스는 다양한 고객 층에게 노출될 수 있는 기회를 제공합니다.

고급 타기팅 기능: 페이스북은 사용자의 성별, 연령, 위치, 관심사 등 다양한 정보를 바탕으로 세분화된 타기팅이 가능합니다. 이를 통해 효율적인 광고 예산 분배와 높은 ROI(Return on Investment)를 달성할 수 있습니다.

고객과의 상호작용: 페이스북은 댓글, 좋아요, 공유 등을 통해 고객과 쉽게 상호작용할 수 있습니다. 이를 통해 고객의 의견을 쉽게 수집하고, 브랜드 인지도를 높일 수 있습니다.

다양한 콘텐츠 형식: 텍스트, 이미지, 비디오, 라이브 스트리밍 등 다양한 콘텐츠 형식을 활용할 수 있어, 고객의 관심을 끌고 정보를 효과적으로 전달할 수 있습니다.

비용 효율성: 페이스북 마케팅은 전통적인 마케팅 방법에 비해 상대적으로 저렴하며, 캠페인의 성과를 실시간으로 모니터링할 수 있어, 비용 효율성이 높습니다.

예시

예를 들어, 다솔인 (Dasolin)이라는 SNS 마케팅 회사가 있다고 가정해 봅시다. 이 회사는 페이스북 마케팅을 통해 소상공인을 대상으로 하는 컨설팅 서비스를 홍보할 수 있습니다. 타기팅 기능을 활용하여 소상공인이나 예비 창업가가 많이 활동하는 지역이나 그룹에 광고를 노출시킬 수 있습니다. 또한, 라이브 스트리밍을 통해 실시간으로 컨설팅 서비스의 효과나 성공 사례를 공유할 수 있습니다.

출처

페이스북 공식 웹사이트, Business Section
"Social Media Marketing: Strategies for Engaging in Facebook, Twitter & Other Social Media" by Liana Evans
"Facebook Marketing For Dummies" by Stephanie Diamond and John Haydon

---

여기서의 출처는 링크가 없기 때문에 거짓말일 수도 있습니다. 내용도 정확한지 알 수 없습니다. 그래서 챗GPT플러그인 중 복스스크립트 VoxScript를 사용하여 이 글에 대한 팩트체크를 요청해보았습니다.

아래 내용에 대한 팩트체크를 해줘. 출처가 있다면 출처 링크도 알려줘.

 팩트체크: 페이스북 마케팅에 대한 정보

페이스북 마케팅의 개념

주장: 페이스북 마케팅은 페이스북을 활용하여 기업이나 브랜드의 제품이나 서비스를 홍보하고, 고객과의 관계를 구축하는 마케팅 전략입니다.

팩트체크 결과: 일치합니다. 페이스북 마케팅은 기업이나 브랜드가 페이스북을 활용하여 제품이나 서비스를 홍보하고 고객과의 관계를 구축하는 것을 목표로 합니다. 출처 : https://www.facebook.com/business/marketing/facebook

페이스북 마케팅의 필요성

대규모 사용자 베이스

주장: 페이스북은 전 세계적으로 약 29억 명의 월간 활성 사용자를 가지고 있습니다.

팩트체크 결과: 일치합니다. 페이스북은 전 세계적으로 대규모의 사용자 베이스를 가지고 있습니다.

고급 타기팅 기능

주장: 페이스북은 사용자의 성별, 연령, 위치, 관심사 등 다양한 정보를 바탕으로 세분화된 타기팅이 가능합니다.

팩트체크 결과: 일치합니다. 페이스북은 다양한 타기팅 옵션을 제공하여 효율적인 광고를 가능하게 합니다. 출처: https://www.facebook.com/business/goals/target-ads-on-facebook

고객과의 상호작용

주장: 페이스북은 댓글, 좋아요, 공유 등을 통해 고객과 쉽게 상호작용할 수 있습니다.

팩트체크 결과: 일치합니다. 페이스북은 다양한 상호작용 기능을 제공하여 고객과의 소통을 촉진합니다.

다양한 콘텐츠 형식

주장: 텍스트, 이미지, 비디오, 라이브 스트리밍 등 다양한 콘텐츠 형식을 활용할 수 있습니다.

팩트체크 결과: 일치합니다. 페이스북은 다양한 콘텐츠 형식을 지원하여 광고나 홍보가 다양하게 이루어질 수 있습니다.

비용 효율성

주장: 페이스북 마케팅은 전통적인 마케팅 방법에 비해 상대적으로 저렴하며, 캠페인의 성과를 실시간으로 모니터링할 수 있습니다.

팩트체크 결과: 일치합니다. 페이스북은 다양한 광고 예산 옵션과 실시간 모니터링 기능을 제공하여 비용 효율성을 높입니다.

예시: 다솔인 (Dasolin) 회사

주장: 다솔인 (Dasolin)이라는 SNS 마케팅 회사가 페이스북 마케팅을 통해 소상공인을 대상으로 하는 컨설팅 서비스를 홍보할 수 있습니다.

팩트체크 결과: 이는 가정된 예시이므로 팩트체크가 불가능합니다. 하지만 페이스북 마케팅의 특성을 고려하면, 다솔인 (Dasolin) 같은 SNS 마케팅 회사가 페이스북을 활용하여 소상공인을 대상으로 한 컨설팅 서비스를 홍보하는 것은 충분히 가능하다고 볼 수 있습니다.

총평: 주어진 정보는 대체로 정확하며, 페이스북 마케팅의 다양한 측면을 잘 설명하고 있습니다.

챗GPT가 대답을 내놓으면 다른 프로그램을 활용해 그 대답을 검증하는 방식으로 집필을 진행하면 독자가 좀 더 신뢰할 수 있는 글을 쓸 수 있을 것입니다.

4장

챗GPT로 글을 쓸 수 있다고?

1

글쓰기의 개요

챗GPT의 도움을 받아 어떤 장르의 책을 쓸 것인지, 독자는 누구로 예상할 것인지를 정하고 글쓰기에 필요한 아이디어까지 얻었다면 이제 실제로 글을 쓸 때가 됐습니다. 직접 글을 쓰는 것도 좋지만 지금까지 그랬던 것처럼 챗GPT의 도움을 받아 글을 쓰려면 무엇보다 프롬프트가 중요합니다. 어떤 프롬프트를 넣느냐에 따라 전혀 다른 결과값을 내주기 때문인데요. 여기서는 책을 쓰는 데 필요한 프롬프트 몇 가지를 제시하고자 합니다. 하지만 챗GPT가 내놓은 답변을 맹목적으로 신뢰해서는 안 됩니다. 목적에 따라 다르겠지만 GPT의 답변을 그대로 적었다가는 저작권 위반이나 환각 등 여러 문제가 생길 수 있습니다. 중요한 것은 챗GPT를 보조도구로 활용하되 챗GPT가 내놓은 결과에 나만의 아이디어를 더하여 글을 작성할 줄 알아야 한다는 점입니다.

먼저 제가 제안하는 첫 번째 프롬프트는 다음과 같습니다.

[스타트업을 위한 마케팅 전략]에 대해 앞으로 쓸 책에 대한 설명을 6개 작성하고 각 아이디어를 단락으로 작성해줘. 각 아이디어는 시중에 나와 있는 다른 책과 완전히 차별화되는 무언가를 포함해줘.

 1."최소비용으로 최대효과를 내는 스타트업 마케팅 전략"
이 책은 스타트업이 처음부터 적은 예산으로 최대한 많은 효과를 내는 마케팅 전략을 제안합니다. 기존의 마케팅 방식 대신, 창의적인 아이디어와 적극적인 소셜미디어 활용 등을 통해 더욱 효과적인 마케팅 전략을 제시합니다.

2. "콘텐츠 마케팅으로 스타트업을 성장시키기"
이 책은 스타트업이 콘텐츠 마케팅을 통해 브랜드 인식과 고객 유치를 최대화할 수 있는 전략을 제시합니다. 여러 스타트업들이 성공한 사례를 통해, 어떻게 효과적인 콘텐츠 마케팅 전략을 수립하고 실행할 수 있는지를 안내합니다.

3. "소셜미디어를 활용한 증강현실 마케팅 전략"
이 책은 스타트업이 소셜미디어를 활용한 증강현실 마케팅을 통해 새로운 고객을 유치하는 전략을 제시합니다. 기존의 소셜미디어 마케팅과 증강현실 기술을 결합하여, 차별화된 마케팅 전략을 구현하는 방법을 안내합니다.

4. "인플루언서 마케팅으로 스타트업 성장하기"
이 책은 인플루언서 마케팅을 통해 스타트업이 빠르게 성장할 수 있는 전략을 제시합니다. 인플루언서를 찾는 방법부터 제휴 계약 체결까지의 모든 단계를 안내하며, 더욱 효과적인 인플루언서 마케팅 전략을 수립하고 실행할 수 있도록 도와줍니다.

5. "데이터 마케팅으로 스타트업을 성장시키기"

이 책은 스타트업이 데이터 마케팅을 통해 더욱 정확하게 타깃 고객층을 파악하고, 효과적인 마케팅 전략을 수립하는 방법을 제시합니다. 데이터 분석과 마케팅 전략 수립에 필요한 기술적 지식과 도구, 데이터 수집 및 분석 방법 등을 자세히 안내하여, 스타트업이 데이터를 활용한 마케팅 전략을 성공적으로 수행할 수 있도록 돕습니다.

6. "지역사회 마케팅으로 스타트업을 성장시키기"
이 책은 스타트업이 지역사회와 함께 협력하여 브랜드 인식과 판매를 높일 수 있는 마케팅 전략을 제시합니다. 지역사회와의 협력 방법부터 마케팅 전략 수립, 실행, 평가 등을 자세하게 안내하여, 스타트업이 지역사회와의 관계를 강화하고, 지속 가능한 성장을 이룰 수 있도록 돕습니다. 이 책은 스타트업이 기존의 대형 기업과 경쟁하기 어려운 상황에서도, 지역사회와의 협력을 통해 마케팅에서 차별화된 전략을 구현할 수 있는 방법을 제시합니다.

이 정도면 꽤 믿을 만한 결과물이 나온 것 같습니다. 최소비용으로 최대효과를 내는 것과 콘텐츠 마케팅과 인플루언서 마케팅, 데이터 마케팅은 모두 자주 활용되는 마케팅 방법입니다. 증강현실 마케팅과 지역사회 마케팅은 꽤 신선하고 참신하기까지 하네요. 챗GPT에게 다시 물었습니다.

 이 중에서 독자에게 가장 큰 가치를 제공하고 가장 매력적인 책 아이디어는 무엇일까?

어떤 책이 가장 매력적인지는 독자의 입장에서 크게 달라질 수 있습니다. 그러나 대체적으로 말해서, 스타트업을 위한 마케팅 전략 중에서 "최소비용으로 최대효과를 내는 스타트업 마케팅 전략"은 가장 매력적인 책 아이디어 중 하나입니다.

스타트업은 자금이 부족한 상황에서도 높은 수익을 내기 위해 비용이 적게 드는 마케팅 전략을 채택하는 것이 중요합니다. 이 책은 예산을 제한한 상황에서도 효과적인 마케팅 전략을 수립할 수 있는 방법을 제공합니다. 또한 창의적인 아이디어와 소셜미디어 활용 등을 통해 스타트업이 적극적으로 마케팅을 수행할 수 있는 방법을 안내합니다.

또한 이 책은 기존의 마케팅 전략 대신, 새로운 접근 방법을 제시하고 있습니다. 이는 독자가 다른 마케팅 전략 책들과 차별화된 내용을 접하며, 새로운 아이디어와 전략적인 마인드셋을 배울 수 있게 도와줍니다. 따라서 이 책은 스타트업을 운영하려는 사람들에게 매우 유용하고 가치 있는 정보를 제공할 것입니다.

챗GPT가 제시해준 6개의 아이디어 모두 좋았지만 저 혼자 하나를 꼽기보다 챗GPT의 도움을 받아보고 싶었습니다. 챗GPT는 "최소비용으로 최대효과를 내는 스타트업 마케팅 전략"을 추천해주었는데 마케터로 일해오면서 비용이 많이 들지 않는 마케팅에 관심이 있었기 때문에 이 주제를 선택했습니다. 이것은 모든 스타트업 대표들의 바라는 주제이기도 합니다. 또한 책 제목으로도 손색이 없죠. 이제 이에 대해서 구체적으로 질문을 할 차례입니다.

"최소비용으로 최대효과를 내는 스타트업 마케팅 전략"이라는 주제의 글을 쓰려고 하는데 이 분야에서 잘 알려진 성공한 작가를 무작위로 선별한 후 그 작가의 이름과 가장 성공적인 작품을 말해줘.

 "최소비용으로 최대효과를 내는 스타트업 마케팅 전략"에 대한 글을 쓸 계획이라면, 에릭 리스를 참고하실 수 있습니다. 에릭 리스는 The Lean Startup이라는 책의 저자로, 스타트업이 자원을 효율적으로 사용하여 고객이 원하는 제품을 빠르게 찾아내는 방법을 제시하여 많은 창업가와 마케터들에게 영감을 주었습니다. 이 책에서는 최소한의 제품(Minimum Viable Product, MVP) 개발, 신속한 반복, 고객 피드백을 기반으로 한 지속적인 개선 등을 강조하여 비용을 절감하면서도 효과적인 마케팅 전략을 수립하는 데 도움을 줄 수 있는 내용을 다룹니다.

챗GPT가 추천해준 작가는 에릭 리스이고 추천해준 책은 국내에 《린 스타트업》이라는 제목으로 출간된 책입니다.

[그림 4-1] 에릭 리스에 대한 검색 결과

검색해보니 국내와 해외에서 베스트셀러 작가로 등단하고 스타트업과 관련된 책을 많이 쓴 사람이네요. 추천해준 책 또한 국내에서 많은 이의 선택을 받았다는 점을 생각하면 참고할 만한 내용이 많습니다. 이제 이 사람의 문체로 본문을 작성해달라고 요청하겠습니다.

그럼 이 작가와 같은 스타일로 작성해줘. 단 8살 어린이가 이해할 수 있을 정도로 짧고 간결한 단락으로 작성해줘. 또한 "당신"이라는 단어를 사용해서 콘텐츠와 독자가 관련이 있도록 하고, 저자를 "저자"라고 지칭하고 저자의 이름을 사용하지 않고 작성해줘.

스타트업은 작은 회사예요. 이 작은 회사가 잘 크려면 사람들에게 자기 물건을 알려야 해요. 그런데 돈이 많지 않아서 똑똑하게 알려야 하는데 저자는 그 비밀을 알려줘요.

먼저, '최소한의 제품'을 만들어요. 이건 아주 기본적인 물건이에요. 그래도 사람들이 좋아할 만한 거죠. 당신은 이 물건으로 '이거 재미있어요?' 하고 사람들에게 물어봐요. 사람들이 '응!' 하면, 당신은 물건을 더 좋게 만들어요.

저자는 말해요, '빨리 해봐! 그리고 사람들이 뭐라고 하는지 들어봐!' 이렇게 하면, 당신은 돈을 많이 쓰지 않고도 사람들이 원하는 물건을 만들 수 있어요.

마지막으로, '이야기를 나눠요.' 당신의 친구, 가족, 선생님, 누구에게나 당신의 물건에 대해 이야기해요. 이야기는 공짜예요, 하지만 많은 사람들이 당신의 물건을 알게 될 거예요.

저자는 이렇게 말해요, '작게 시작해서, 듣고, 배우고, 나누세요. 그러면 당신의 작은 회사는 큰 회사로 자랄 거예요!'

그랬더니 마치 에릭 리스가 쓴 것 같이 글을 작성해주었습니다. 그럼 이제 독자층을 설정할 차례입니다. 독자층을 설정하기 위해 다음과 같은 프롬프트를 입력했습니다.

책 유형은 [스타트업을 위한 마케팅 전략]이야. [최소비용으로 최대효과를 내는 스타트업 마케팅 전략]에 관심이 있는 사람은 무엇을 원하고, 어떤 문제에 봉착할 가능성이 있을까?

[최소비용으로 최대효과를 내는 스타트업 마케팅 전략]에 관심이 있는 사람들은 자금이 제한적인 스타트업을 운영하며, 적은 예산으로도 많은 효과를 얻을 수 있는 마케팅 전략을 찾고 있는 사람들입니다. 이 책은 스타트업이 예산을 최소화하면서도 효과적인 마케팅 전략을 수립하고 실행할 수 있는 방법을 제시합니다. 따라서 이 책은 스타트업 창업자들이 효율적인 마케팅 전략을 구축하는 데 큰 도움이 될 것입니다. 그러나 이 책을 읽는 도중에는 어떤 문제에 봉착할 가능성이 있습니다. 예를 들어, 마케팅 예산이 매우 제한적인 경우, 이 책의 전략들이 충분히 적용되지 않을 수 있습니다. 또한 이 책에서 제시하는 전략들은 모두가 성공하는 것은 아니기 때문에, 실제 적용 시 어려움이 있을 수 있습니다. 따라서 이 책을 읽을 때에는 자신의 상황에 맞게 조금씩 수정하거나 발전시키면서 적용해야 합니다. 마케팅 전략은 기업의 상황에 따라 다르기 때문에, 이 책에서 제시하는 내용을 그대로 따르는 것이 아니라, 자신의 상황에 맞게 필요한 부분을 선택적으로 적용해야 합니다.

프롬프트에 입력한 것에 대한 챗GPT의 대답입니다. 전문가의 입장에서 예상 독자에 대한 설명은 놀랍도록 정확합니다. 실제로 저에게 문의하는 사람들의 대부분이 원하는 것은 최소 비용으로 최대 효과를 내는 것인데요, 누구나 이런 것을 바라겠지만 마케팅 예산이 월 10만 원이라면 할 수 있는 마케팅 전략이 매우 적어지거나 거의 없습니다. 이런 부분을 잘 짚어주고 있는 답변이죠. 다음 프롬프트는 책 설명에 대한 부분입니다.

 책의 내용을 바탕으로 짧고 매력적인 요약 글을 작성해줘.

 [최소비용으로 최대효과를 내는 스타트업 마케팅 전략]은 스타트업 창업자들이 적은 예산으로도 효과적인 마케팅 전략을 구축하는 방법에 대한 조언을 제공하는 책입니다. 이 책은 창업자들이 예산을 제한한 상황에서도 창의적인 아이디어와 실용적인 전략을 통해 적극적으로 마케팅을 수행할 수 있도록 돕습니다. 또한 이 책에서는 디지털 마케팅, 소셜미디어, 그리고 데이터 분석 등을 통해 예산을 효율적으로 활용할 수 있는 방법을 안내합니다. 이 책은 스타트업 창업자들이 적은 예산으로도 효과적인 마케팅 전략을 수립할 수 있는 노하우를 배울 수 있는 매우 유용한 가이드북입니다.

책의 앞부분에 들어갈 요약 글이 작성되었습니다. 알아서 안에 들어갈 장을 요약해주었고 실제로 디지털 마케팅, 소셜미디어, 데이터 분석이라는 장이 들어갈지는 모르겠지만 일단은 참고하면 될 것 같습니다. 앞서 이야기했듯 챗GPT가 내준 결과값을 토대로 본인이 검토한 뒤 작성해야 합니다.

다음으로는 책의 제목을 짓는 데 챗GPT를 활용해보겠습니다. 제목을 짓는다는 것은 쉬운 일이 아닙니다. 독자에게 책의 내용을 쉽고 빠르게 전달하면서도 독자의 흥미를 이끌어내는 제목을 찾기란 베스트셀러 작가나 베테랑 편집자도 어려운 일입니다. 여기서 우리는 챗GPT의 도움을 받아보도록 하겠습니다.

 이 책의 제목 10개를 제안하고 그 중에서 가장 흥미롭고 독자에게 높은 가치를 제시하며, 문제 해결에 힌트를 주는 제목으로 선택해줘.

1. "적은 예산으로도 성공하는 스타트업 마케팅 전략"
2. "빠른 성장과 수익 창출을 위한 최소비용 마케팅 전략"
3. "효과적인 디지털 마케팅을 위한 스타트업 가이드북"
4. "소셜미디어를 활용한 스타트업 마케팅 전략"
5. "데이터 분석과 마케팅 전략의 결합: 스타트업을 위한 데이터 마케팅 가이드"
6. "창의적인 아이디어로 스타트업의 마케팅 경쟁력을 높이기"
7. "효율적인 예산 활용을 위한 스타트업 마케팅 전략"
8. "스타트업이 지역사회와 협력하여 브랜드 인식과 판매를 높이는 방법"
9. "성장하는 스타트업을 위한 맞춤형 마케팅 전략"
10. "경쟁력 있는 스타트업 마케팅 전략 수립을 위한 가이드"

가장 흥미로운 제목 중 하나는 "창의적인 아이디어로 스타트업의 마케팅 경쟁력을 높이기"입니다. 이 책은 스타트업이 자원이 부족한 상황에서도 창의적인 아이디어와 마케팅 전략을 활용하여 경쟁력을 강화하는 방법에 대해 다룹니다. 이 책은 스타트업 창업자들이 높은 비용을 들이지 않고도 마케팅에서 차별화된 전략을 구현할 수 있는 방법을 제시하며, 독자에게 창의적인 마케팅 전략을 구현하는 데 필요한 힌트를 제공할 것입니다.

챗GPT는 제 요청대로 책 제목을 10개 추천해줬고 그중 가장 좋아 보이는 제목도 선택해줬습니다. 하지만 저는 챗GPT가 추천해준 제목이 별로 마음에 들지 않았습니다. 제 눈에 띄는 제목은 "적은 예산으로도 성공하는 스타트업 마케팅 전략"이었는데요. 이 제목으로 장을 구성해 달라고 요청했습니다.

책 제목으로 [적은 예산으로도 성공하는 스타트업 마케팅 전략]을 선택으니 이 책 제목으로 독자들에게 가치를 제공해주는 10개의 장을 제안해줘.

책 제목 [적은 예산으로도 성공하는 스타트업 마케팅 전략]에 기반하여 독자들에게 가치를 제공할 수 있는 10개의 장을 제안해드립니다.

1. 적은 예산으로 효과적인 마케팅 전략 구성하기
2. 스타트업의 브랜딩: 예산을 최소화하고 인지도를 높이는 방법
3. 소셜미디어 마케팅: 적은 예산으로 많은 인기 얻는 방법
4. 콘텐츠 마케팅: 인기를 얻고 고객을 유치하는 데 효과적인 방법
5. 검색엔진 최적화(SEO) 전략: 예산을 소모하지 않고도 검색 순위를 높이는 방법
6. 전자메일 마케팅: 이메일을 통해 고객과 소통하는 방법과 예산 절감의 효과
7. 블로그 마케팅: 블로그를 활용하여 스타트업의 목표 달성하는 방법
8. 데이터 분석과 마케팅 전략: 데이터 기반으로 예산 효율적으로 사용하는 방법
9. 지역사회 마케팅: 스타트업의 지역사회와의 협력으로 예산을 아끼면

서 브랜드 인식과 판매 증대하는 방법
10. 적은 예산으로도 성공하는 성장 전략: 온라인과 오프라인을 연계한 차별화된 전략 수립하기

이러한 장들은 스타트업 창업자들이 적은 예산으로도 효과적인 마케팅 전략을 수립하고 실행하는 데 도움이 될 것입니다. 각 장에서는 예산을 최소화하면서도 인기를 얻고 고객을 유치할 수 있는 방법을 제시합니다. 이 책을 통해 스타트업 창업자들은 적극적으로 마케팅을 수행하면서도 예산을 효과적으로 활용할 수 있는 방법을 배울 수 있을 것입니다.

프롬프트에 입력한 대로 10개의 장을 구성해주었습니다. 전문성도 있으면서 핵심을 잘 요약했습니다. 여기서는 10개의 장을 요청했지만 사용자의 판단에 따라 장을 5개로 줄이거나 20개로 늘릴 수도 있으니 잘 생각하고 프롬프트를 입력하면 됩니다.

2

글쓰기 단계

각 장을 모두 작성했다면 이제 좀 더 세분화해서 절을 나누어야 합니다. 여기서부터는 반복적인 문구가 들어가기 때문에 절을 복사해두고 프롬프트를 작성하면 좋습니다. 절의 구성을 위한 프롬프트는 다음과 같습니다.

 [적은 예산으로 효과적인 마케팅 전략 구성하기]에 대해 글을 쓸 거야. 이 장의 제목이 의미하는 바를 달성하기 위해 독자가 알아야 할 가장 중요한 사항 6가지를 정확히 적어줘. 한 줄에 하나씩 작성하되, 번호를 매기거나 글머리 기호 또는 레이블을 붙이지 말고. 장 목록에서 다른 장에 더 적합한 항목은 피하고 항목에 번호가 매겨져 있거나 글머리 기호 또는 글자가 있는 경우 글머리 기호를 제거해야 해.

 - 타깃 고객을 정확하게 파악하고 그들의 요구사항과 욕구를 이해해야 한다.
- 경쟁사들의 마케팅 전략을 분석하여 차별화된 전략을 수립해야 한다.

- 자사의 제품이나 서비스의 장점과 특징을 명확하게 전달하고 강조해야 한다.
- 디지털 마케팅 도구와 소셜미디어를 적극 활용해야 한다.
- 유저 경험(UX)을 개선하고 고객의 피드백을 수집하여 서비스 품질을 향상시켜야 한다.
- 마케팅 전략의 효과를 측정하고 분석하여 그에 따른 수정과 개선을 계속해서 해나가야 한다.

지금까지의 챗GPT에게 물었던 질문에 비해서 상당히 구체적이고 세부적인 면을 짚은 질문입니다. 지금까지 알려진 바에 따르면 프롬프트를 잘 작성하려면 챗GPT에 명확한 역할을 부여하거나 구체적인 지시를 내려줘야 합니다.

'적은 예산으로 효과적인 마케팅 전략 구성하기' 장에서 6개의 절을 만들었습니다. 책의 분량을 고려하면 절 숫자를 조절할 수 있습니다. 하위 항목에 대해서 글을 쓰기 시작해야 합니다. 글쓰기는 다음과 같은 프롬프트를 사용해보겠습니다.

 [타깃 고객을 정확하게 파악하고 그들의 요구사항과 욕구를 이해해야 한다]에 대해 유용하고 흥미로운 글을 작성해줘. 작문 스타일은 저자를 언급하지 말고 저자가 작성하는 평소 글쓰기 스타일처럼 작성해줘.
글의 길이: Max Token 1000
작문 스타일: "The Lean Startup"의 저자 에릭 리스의 스타일

성공적인 스타트업은 타깃 고객을 알고, 이해하며, 그들의 언어로 말합니다. 그리고 이는 단순히 좋은 제품을 만드는 것 이상의 무엇인가를 요구합니다. 이는 과학입니다. 실험과 학습의 반복적인 과정을 통해 우리는 고객의 내면의 요구를 들여다볼 수 있습니다. 이해하는 것, 그것은 고객이 당신의 제품을 사용할 때 느끼는 감정부터 시작합니다.

먼저, '고객 페르소나'를 만드는 것으로 시작해보세요. 이는 가상의 고객이지만, 실제 고객 데이터와 통찰에 기반해 있어야 합니다. 나이, 성별, 직업 등 기본적인 인구통계학적 정보에서 시작하여, 그들의 취미, 습관, 가치관에 이르기까지 세부적으로 파고드세요. 이 페르소나는 타깃 고객이 어떤 사람인지, 그들이 어떤 문제를 가지고 있는지, 그리고 그들이 어떤 해결책을 원하는지 이해하는 데 도움을 줄 것입니다.

다음으로, '최소한의 가정'으로 시작해야 합니다. 당신이 생각하는 고객의 요구가 실제로 맞는지 확인해야 합니다. 그러기 위해서는 '최소한의 가정'을 설정하고 이를 검증하기 위한 실험을 계획해야 합니다. 이 실험은 설문조사, 인터뷰, 또는 실제 제품을 사용해볼 수 있는 초기 버전을 제공하는 것일 수 있습니다.

실험은 실제 데이터를 제공합니다. 실제 사용자의 행동, 반응, 피드백을 관찰함으로써 당신은 가정이 옳았는지, 수정해야 할 부분은 없는지를 알 수 있습니다. 이 데이터는 당신의 제품이 시장에서 성공하기 위해 정말로 중요한 것이 무엇인지를 파악하는 데 기초가 됩니다.

그리고, '유연성'이 중요합니다. 시장은 항상 변하고, 고객의 요구도 변합니다. 고집스럽게 한 방향으로만 나아가지 말고, 데이터와 피드백에 귀를 기울이며, 필요하다면 방향을 수정하세요. 스타트업은 빠르게 배우고, 빠르게 조정하며, 빠르게 성장할 수 있는 기업입니다.

마지막으로 '집중'합니다. 가장 중요한 고객의 요구에 집중하세요. 모든 사람을 만족시키려 하면 아무도 만족시키지 못할 수 있습니다. 가장 중요한 고객의 문제를 해결하고, 그들이 가장 원하는 변화를 만드는 것에 집중하세요.

이 과정은 단순하게 들릴 수 있지만, 실행은 복잡합니다. 실패와 성공 사이를 넘나들면서 학습하고, 반복하고, 성장하는 것, 그것이 스타트업 마케팅의 본질입니다. 그리고 이것이 바로 최소비용으로 최대효과를 내는 방법입니다. 당신의 고객을 이해하고, 그들과 함께 성장해 나가세요.

먼저 프롬프트를 글의 길이와 작문 스타일을 쉽게 바꿀 수 있도록 템플릿화하였습니다. 프롬프트를 같은 내용으로 여러 번 작성해야 할 경우 변수를 이런 방식으로 설정해두면 편리하게 사용할 수 있습니다.

또한 글의 길이를 글자수로 하지 않고 Max Token으로 지정했습니다. 토큰에 대해서는 앞서 설명한 대로 의미를 가지는 최소 단위입니다. 글자수로 하면 종종 글자수를 잘 지키지 않는 경우가 있습니다. 이럴 때는 매개변수인 Max Token을 지정해주면 좀 더 정확하게 결과물을 내줍니다. 위의 답변을 토큰 계산기인 토크나이저로 계산해 보았더니 실제로 1000자에 가깝게 작성되었습니다.

내용을 살펴보면 거의 만점에 가깝습니다. 제가 강의나 컨설팅에서, 혹은 업무를 진행할 때 가장 중요하게 생각하는 것은 타깃 고객인데 챗GPT가 내놓은 대답은 그대로 써도 무방할 정도로 정확하고 저의 의견과도 일치합니다.

다음은 여기에 살을 붙일 차례입니다. 개념을 설명했으니 그 아래에 생생한 예시나 사례를 넣어주면 글이 더욱더 풍성해지고 설득력이 올라갑니다. 프롬프트의 내용은 얼마든 자신의 상황에 맞게 바꿔서 사용하면 됩니다.

[타깃 고객을 정확하게 파악하고 그들의 요구사항과 욕구를 이해해야 한다]에서 다루는 내용을 달성하는 것이 얼마나 중요한지를 보여주는 실화를 들려줘. 독자에게 믿음과 동기를 부여할 수 있는 감정적이고 시각적인 방식으로 이야기해야 해. 무엇이 위태로웠고 어떤 어려움이 있었는지도 강조해줘. 사건이 일어난 환경부터 시작하여 등장인물, 그들이 직면한 어려움, 그리고 그것을 어떻게 극복했는지 설명해줘.

10년 전, 한 작은 의류 회사가 있었습니다. 이 회사는 다른 많은 의류 회사들처럼 유행에 따라 다양한 스타일의 옷을 생산하였습니다. 그러나 이 회사는 수익을 창출하기 어려웠고 고객들의 관심을 끌지 못했습니다.

그러던 중, 이 회사는 새로운 마케팅 전략을 시도하기로 결정했습니다. 그들은 고객들의 요구사항와 욕구를 더욱 정확히 파악하기 위해 시장 조사를 진행하였습니다. 이 과정에서, 그들은 자신들이 가지고 있는 제품들의 특정 고객층에게 매우 인기가 있다는 것을 알아내었습니다. 이 고객층은 대학생들이었습니다.

이 회사는 대학생들을 대상으로 새로운 디자인과 스타일의 의류를 출시하기로 결정했습니다. 그들은 대학생들의 취향과 선도호를 조사하여, 그들이 좋아할 만한 의류를 생산하였습니다. 이제, 이 회사는 고객들의 요구에 맞는 제품을 제공하고 있었고 대학생들의 인기를 끌면서 매출도 늘어났습니다.

하지만, 이 회사는 이렇게 쉽게 성공하지 않았습니다. 처음에는 대학생들의 취향과 선호도를 파악하는 것이 어려웠습니다. 또한, 이 회사가 가지고 있던 이전 제품들과는 매우 다른 스타일의 의류를 생산하기 때문에, 제품 개발과 생산에 많은 시간과 비용이 들었습니다.

그러나, 이 회사는 고객들의 요구에 맞춘 제품을 출시함으로써 성공하였습니다. 이전과는 다른 스타일의 의류를 생산하면서, 대학생들의 취향과 선호도를 파악하는 것이 중요하다는 것을 깨달았습니다. 이 회사는 고객 중심적인 마케팅 전략을 채택하여, 고객들의 요구에 맞는 제품을 제공하고, 이를 통해 성장할 수 있었습니다.

이 실화는 고객 중심적인 마케팅 전략의 중요성을 보여줍니다. 고객들의 요구와 욕구를 파악하고, 그들에게 맞

 계속

 는 제품을 개발하고 제공함으로써, 회사는 매출과 인기를 끌어올릴 수 있었습니다. 이 회사는 이전과는 다른 스타일의 제품을 출시하는 것에 대한 위험을 감수하였지만, 고객들의 요구에 맞는 제품을 제공함으로써 큰 성공을 거둘 수 있었습니다.

또한, 이 회사는 고객들의 취향과 선호도를 파악하기 위해 시장 조사를 진행하였고, 대학생들을 대상으로 조사하여 정확한 정보를 얻었습니다. 이를 통해 이 회사는 고객 중심적인 마케팅 전략의 중요성을 깨달았습니다. 이 실화에서 우리는 고객 중심적인 마케팅 전략이 회사의 성장과 성공에 어떻게 중요한지를 보았습니다. 고객들의 요구와 욕구를 파악하고 그들의 취향과 선호도를 이해하는 것은 제품 개발과 마케팅 전략에 있어서 매우 중요합니다. 이를 통해 회사는 고객들에게 맞는 제품을 제공하고 성장할 수 있습니다.

매우 그럴듯한 대답입니다만, 챗GPT가 내놓은 사례가 실제로 있었던 일인지 아니면 지어낸 말인지는 알 수 없습니다. 그렇기에 그대로 가져다 쓰는 건 위험합니다. 이런 사례를 토대로 해서 비슷한 사례가 없었는지 상기해보면서 예시를 작성해 나가는 걸 추천드립니다.

또 챗GPT의 대답이 길어지면 중간에 멈추는 경우가 있습니다. 이럴 때는 '계속'이라고 입력하거나 'Continue generating' 버튼을 클릭하면 이어서 출력을 해줍니다. 좀 더 다양한 사례를 원한다면 이런 프롬프트도 활용할 수 있습니다.

[타깃고객을 정확하게 파악하고 그들의 요구사항과 욕구를 이해해야 한다]에 대해 다양하고 실제적인 방법으로 실행한 세 명 이상의 다른 사람들의 이야기를 제시하고, 각 사람마다 어떻게 다르게 보이는지 정확하게 보여줘. 전문 용어를 피하고 실제로 무엇을 어떻게 했는지 설명해줘.

1. 예시 1 - 온라인 의류 쇼핑몰 운영자
온라인 의류 쇼핑몰을 운영하는 A씨는 고객을 파악하기 위해 구매 이력 데이터를 분석하여 상위 매출 상품, 즉 가장 많이 팔리는 상품과 고객들이 선호하는 색상, 디자인 등을 파악하였습니다. 또한, 고객들이 많이 접속하는 시간대와 지역 정보도 수집하여 쇼핑몰 내에서 이에 맞는 마케팅 전략을 수립하였습니다. 이를 통해 온라인 쇼핑몰 운영에 필요한 고객 정보를 파악하고 이를 기반으로 제품, 마케팅, 서비스 전략을 세웠습니다.

2. 예시 2 - 음식 배달 앱 기획자
음식 배달 앱 기획자인 B씨는 사용자 분석 도구를 활용하여 사용자들의 선호 음식 종류, 주문하는 시간대, 결제 방식 등을 파악하였습니다. 또한,

고객들이 주로 사용하는 배달 서비스의 이용 목적에 대한 설문조사를 진행하여 고객의 요구사항을 파악하였습니다. 이를 기반으로 음식 배달 서비스의 주요 기능인 검색, 주문, 결제, 배송 등의 프로세스를 개선하고, 신메뉴 출시 및 특가 이벤트 등의 마케팅 전략을 수립하였습니다.

3. 예시 3 - 스타트업 창업자

스타트업 창업자인 C씨는 예비 창업 고객 대상 설문조사를 진행하여 서비스의 필요성과 고객이 원하는 기능, 가격 등을 파악하였습니다. 또한, 유사한 서비스를 제공하는 기업들의 인기도와 차별화 가능성을 분석하여, 차별화된 서비스 기획을 수립하였습니다. 이를 토대로 스타트업의 비즈니스 모델을 정의하고, 고객의 요구에 따른 제품 개발 및 마케팅 전략을 수립하였습니다.

세 명의 사람들 모두 고객을 파악하기 위해 다양한 데이터 분석과 설문조사를 활용하였습니다. 그러나 각각의 사람들은 파악하는 대상과 방법, 그리고 결과에 있어서 차이가 있습니다.

A씨는 온라인 쇼핑몰 운영자로서, 이미 자신의 서비스를 이용한 고객들의 데이터를 분석하여 고객의 선호도와 쇼핑 행태를 파악하였습니다. 이를 토대로 쇼핑몰 내에서 맞춤형 마케팅 전략을 수립하였습니다.

B씨는 음식 배달 앱 기획자로서, 서비스 이용자들의 사용 패턴 및 주문 동기를 분석하여 앱의 기능 개선과 마케팅 전략을 수립하였습니다.

C씨는 스타트업 창업자로서, 아직 서비스를 제공하지 않는 예비 창업 대상자들의 요구사항을 파악하여 차별화된 비즈니스 모델과 서비스 기획을 수립하였습니다.

이렇듯, 고객을 파악하기 위한 방법과 그 결과는 해당 업종과 직무, 파악해야 하는 고객 대상에 따라 다양합니다. 하지만 공통적으로 고객의 선호도와 요구사항을 파악하고 이에 기반한 전략 수립이 중요하며, 이를 위해 다양한 데이터 분석과 조사 방법을 활용할 수 있습니다.

프롬프트에 약간의 변화만 주었더니 전혀 다른 답변이 나왔습니다. 10개의 장에 각각 9개의 절을 두었다면 총 90개의 절이 나온다는 의미입니다. 같은 작업을 90번 반복하면 지루하고 괴로우니 프롬프트를 복사해두었다가 사용하시면 더 좋은 결과를 낼 수 있습니다.

3

AIPRM으로 글쓰기 속도 향상시키기

챗GPT가 인기를 얻은 이유는 채팅 기능 때문만이 아닙니다. 다양한 크롬 확장 프로그램을 통해서 챗GPT를 더 다양하게 활용할 수 있었기 때문입니다. 앞에서 크롬 브라우저를 사용할 때 가장 효율적이라고 말한 이유가 바로 이것입니다. 이 프로그램들은 챗GPT를 사용하는 유저가 느낄 아쉬움을 채워주고 있습니다. 여기서는 글쓰기에 큰 도움을 줘서 많은 사람들이 사용하는 AIPRM for ChatGPT를 소개하겠습니다.

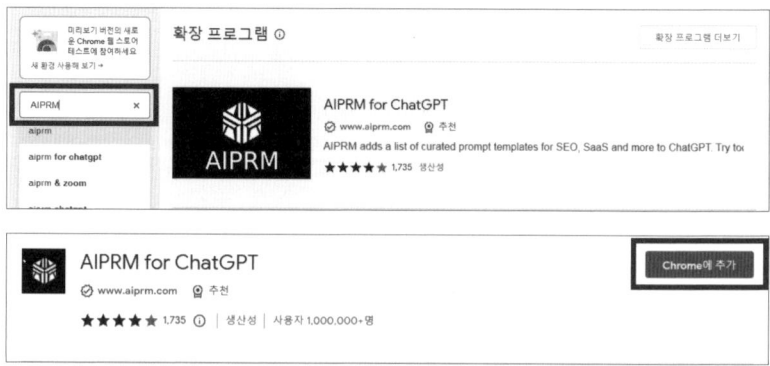

[그림 4-2] Chrome 웹 스토어 AIPRM을 검색했을 때의 모습

[그림 4-2]는 AIPRM을 설치하는 모습을 캡처한 화면입니다. 2장에서 프롬프트 지니를 설치할 때처럼 Chrome 웹 스토어에 들어가 왼쪽의 검색창에 [AIPRM]을 입력하면, 화면 오른쪽에 AIPRM for ChatGPT라는 항목이 나타납니다. 이것을 클릭하고 우측 상단에 보이는 [Chrome에 추가] 버튼을 누르면 플러그인이 설치됩니다.

AIPRM은 누군가가 만들어 놓은 프롬프트를 사용할 수 있게 해주는 서비스입니다. 프롬프트를 가져다 붙일 필요 없이 그냥 내가 원하는 질문을 넣으면 알아서 미리 세팅된 다른 사람의 프롬프트가 더해져서 입력되는 방식입니다. 설치를 완료하고 구글 계정과 연계하면 원활하게 사용할 수 있습니다.

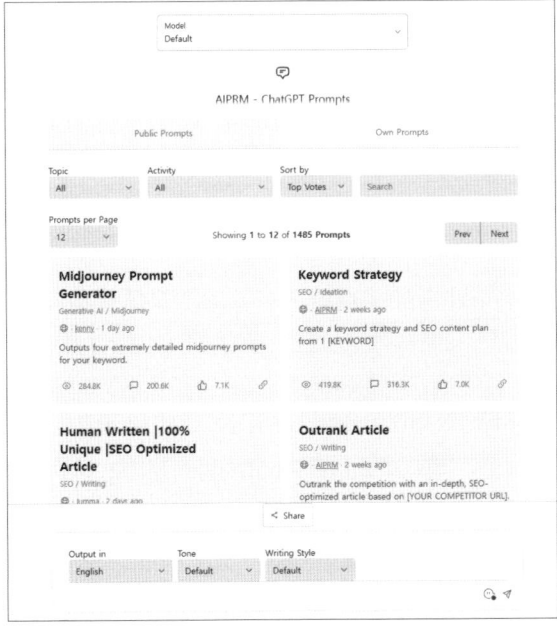

[그림 4-3] AIPRM을 설치했을 때 챗GPT의 초기 화면 모습

AIPRM을 설치하면 [그림 4-3]처럼 챗GPT 초기 화면에 AIPRM의 프롬프트들이 보입니다. 제가 확인했을 때에는 총 1485개의 프롬프트가 등록되어 있었습니다. 원하는 토픽을 선택할 수도 있고, 검색을 통해 원하는 프롬프트를 찾을 수도 있습니다.

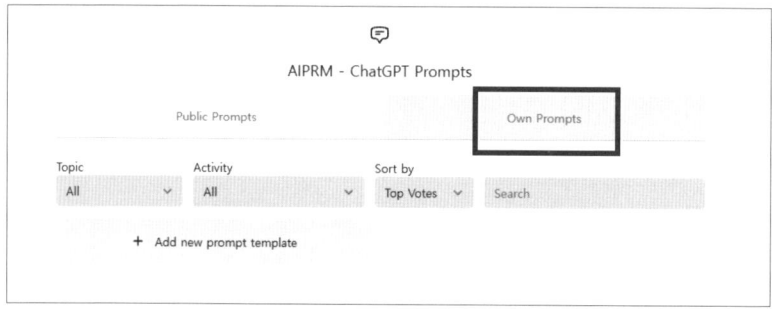

[그림 4-4] AIPRM에 나만의 프롬프트 등록하기

Public Prompts 옆에 있는 [Own Prompts]를 클릭하면 자신만의 프롬프트를 입력해두고 사용할 수 있습니다. 하위 항목에 대해서 미리 메모장 같은 곳에 옮겨 놓은 후 하위 항목에 관한 글쓰기 프롬프트를 AIPRM에 입력해두면 제목만 바꾸고 자동으로 작성할 수 있습니다. 앞서 이야기했던 하위 항목에 대한 프롬프트를 모아서 입력해보았습니다.

 [PROMPT]에 대해 유용하고 흥미로운 글을 1000자로 작성해줘. 글쓰기 스타일은 [에릭 리스(Eric Ries)]처럼 작성하고, 이 책의 내용과 맥락이 잘 이해되도록 작성해줘. 이어서 1000자로 [PROMPT]에서 다루는 내용을 달성하는 것이 얼마나 중요한지를 보여주는 실화를 들려줘. 독자에게 믿음과 동기를 부여할 수 있는 감정적이고 시각적인 방식으로 이야기해야 해. 무엇이 위태로웠고 어떤 어려움이 있었는지도 강조해줘. 사건

이 일어난 환경부터 시작하여 등장인물, 그들이 직면한 어려움, 그리고 그것을 어떻게 극복했는지 설명해줘. 그리고 이어서 1000자로 [PROMPT]에 대해 다양하고 실제적인 방법으로 실행한 세 명 이상의 다른 사람들의 이야기를 제시하고, 각 사람마다 어떻게 다르게 보이는지 정확하게 보여줘. 전문 용어를 피하고 실제로 무엇을 어떻게 했는지 설명해줘.

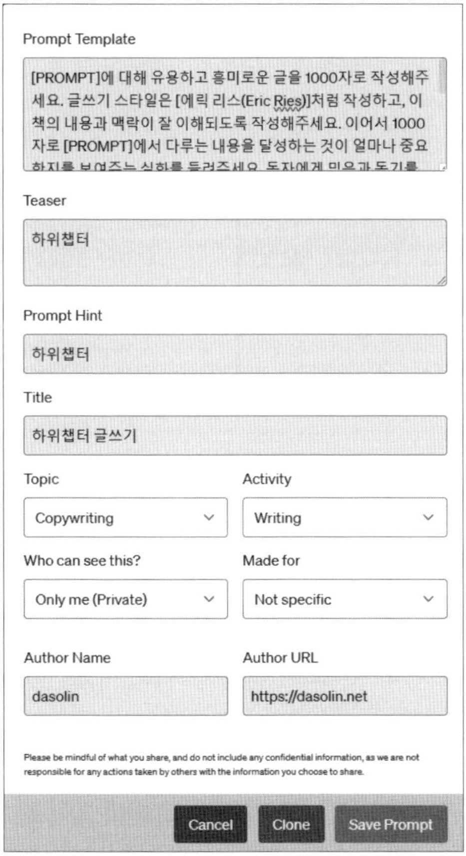

[그림 4-5] AIPRM의 Own Prompts에서 나만의 템플릿을 만드는 장면

평소 눈여겨본 작가가 있다면 [그림 4-5]처럼 프롬프트 입력 란의 대괄호 안의 작가 이름을 바꿔주면 해당 작가의 문체로 글을 작성해줍니다. 이렇게 AIRPM에 미리 항목을 작성해서 저장해두고 대괄호 안에 있는 이름만 바꿔주면 시간을 절약할 수 있습니다. Teaser는 하위챕터로 하고, Prompt Hint도 하위챕터로 하면 됩니다. Title은 자신이

[그림 4-6] AIPRM을 통해 반복되는 작업을 미리 설정해두는 방법

알아볼 수 있게 쓰면 되는데 "하위챕터 글쓰기"라고 했습니다. Topic에는 Copywriting이라고 적고 Activity에는 Writing이라고 적은 뒤 Author Name과 Author URL을 작성하면 됩니다. 저는 두 항목을 각각 Dasolin과 http://dasolin.net이라고 적었습니다. 마지막으로 저는 체크하지 않았지만 Share prompt template publicly를 체크하면 다른 사람들에게도 모두 공개할 수 있으니 취향에 따라 체크 여부를 결정하시면 됩니다. 모든 것이 마무리 되었으면 이제 Save Prompt를 클릭합니다.

[그림 4-6]처럼 "하위챕터 글쓰기"라는 나만의 템플릿이 만들어졌습니다. 템플릿을 클릭하면 프롬프트창에 "하위챕터 글쓰기 by dasolin"이라는 문구가 뜹니다. 그럼 이제 프롬프트창에 하위챕터 제목을 쓰면 됩니다. output in은 "한국어", tone이나 writing style은 원하는 대로 설정하면 됩니다. 이렇게 설정해두면 이제 답변이 나옵니다.

타깃 고객을 정확하게 파악하고 그들의 요구사항과 욕구를 이해해야 하는 이유는, 그것이 성공적인 비즈니스의 핵심 요소 중 하나라는 것입니다. 비즈니스가 고객에게 진정한 가치를 제공하려면, 그들의 요구사항과 욕구를 이해하고 그것에 맞게 제품과 서비스를 제공해야 합니다. 이를 통해 고객은 더 나은 경험을 얻을 수 있고, 그 결과 비즈니스는 더 높은 고객 만족도와 이익을 낼 수 있습니다.

이에 대한 간단한 예시로, 어떤 식당이 있다고 가정해봅시다. 이 식당이 고객을 파악하지 못하고 그들이 원하는 메뉴나 분위기를 제공하지 못한다면, 고객들은 이 식당을 방문하지 않을 것입니다. 하지만 이 식당이 고객들의 요구사항과 욕구를 파악하고 그에 맞게 제공한다면, 고객들은 만족도가 높아져 자연스럽게 재방문하고 추천하는 일이 일어날 것입니다. 실제로도 이러한 사례가 많습니다. 예를 들어, 샤넬은 고객들의 요구사항을 파악하고 그에 맞는 제품을 출시하여 글로벌 패션 리더로 자리 잡았습니다. 또한, 애플은 고객들의 욕구를 파악하고 그에 맞는 디자인과 기능을 갖춘 제품을 출시하여 스마트폰 시장을 지배하게 되었습니다. 하지만 이러한 성공적인 사례들은 일반적인 상황에서는 쉽게 찾아볼 수 없습니다. 그렇기 때문에, 이에 대한 간단한 방법을 제시하겠습니다. 첫째로, 고객의 행동을 분석하는 것입니다. 이를 통해 고객이 어떤 제품이나 서비스를 선호하는지, 어떤 문제를 겪고 있는지 등을 파악할 수 있습니다. 예를 들어, 제품을 구매하지 않고 사이트를 떠난 고객들의 행동을 분석하여, 구매를 방해하는 요인을 파악할 수 있습니다.

둘째로, 고객과의 대화를 통해 고객의 요구사항을 파악하는 것입니다.

 Continue writing please

 이는 직접적인 방법이며, 고객들이 무엇을 원하는지, 어떤 문제를 겪고 있는지를 듣고 이를 반영하여 제품이나 서비스를 개선할 수 있습니다.

셋째로, 경쟁 업체의 분석을 통해 고객의 요구사항을 파악하는 것입니다. 경쟁 업체들이 어떤 제품이나 서비스를 출시하고 있는지, 그리고 그것이 고객들에게 어떤 가치를 제공하는지 파악할 수 있습니다. 이러한 방법들을 통해 고객의 요구사항과 욕구를 파악하고, 그에 맞는 제품이나 서비스를 제공하는 것이 중요합니다. 이에 대한 성공적인 사례 중 하나는 아래와 같습니다. 한 제약회사는 고객들의 요구사항을 파악하기 위해 인터뷰를 진행하였습니다. 이를 통해, 고객들이 병원에서 처방받은 약을 복용하는 것이 어려움을 겪고 있음을 발견하였습니다. 고객은 약의 복용량과 시간을 기억하기 어려워하고 있었습니다. 이를 해결하기 위해 제약회사는 약 복용 도우미 앱을 출시하였습니다. 이 앱은 알람 기능과 함께 약 복용 시간과 복용량을 자동으로 기록해주는 기능을 제공하여, 고객들이 약 복용을 놓치지 않도록 도와주었습니다. 결과적으로, 이 제약회사는 고객들의 요구사항을 파악하고 그에 맞는 제품을 출시하여, 고객들의 만족도를 끌어올리고 높은 로열티를 받는 데 성공하였습니다.

이와 같은 성공적인 사례들은 많습니다. 다양한 비즈니스 분야에서, 고객들의 요구사항을 파악하고 그에 맞는 제품이나 서비스를 제공하는 것이 중요합니다. 이를 위해, 다양한 방법들을 활용하여 고객들의 요구사항과 욕구를 파악하는 것이 필요합니다.

 Continue writing please

 이제는 세 명의 사례를 들어보겠습니다. 첫 번째 사례는 카페 운영자 A입니다. A는 자신이 운영하는 카페에서 고객들의 요구사항을 파악하기 위해 사수 대화를 시도합니다. 이를 통해, 고객들이 간편하게 주문할 수 있는 시스템을 도입하거나, 커피 맛을 더욱 강화하는 등의 개선을 시도했습니다. 그 결과, A 카페는 지역에서 인기 있는 카페 중 하나가 되었습니다.

두 번째 사례는 온라인 스토어 운영자 B입니다. B는 고객들의 요구사항을 파악하기 위해 인터넷 커뮤니티를 자주 방문합니다. 이를 통해, 고객들이 원하는 제품 카테고리와 디자인을 파악하고, 그에 맞는 제품을 출시하여 성공을 거뒀습니다.

세 번째 사례는 마트 매니저 C입니다. C는 고객들의 요구사항을 파악하기 위해, 자신의 매장에서 고객들의 구매 패턴을 분석합니다. 이를 통해, 고객들이 구매하는 상품에 대한 할인 이벤트나 구매 적립금을 제공하여 고객들의 만족도를 높였습니다.

이러한 사례들은 고객들의 요구사항을 파악하는 방법이 다양함을 보여줍니다. 각각의 사례에서는 다른 방법을 사용하였으나, 모두 고객들의 요구사항을 파악하고 그에 맞게 제품이나 서비스를 개선하였습니다. 따라서, 각각의 사례에서는 비즈니스가 성장하고 고객 만족도를 높이는 데에 성공했습니다.

종합적으로, 비즈니스에서 고객의 요구사항과 욕구를 파악하고 그에 맞는 제품이나 서비스를 제공하는 것은 매우 중요합니다. 이를 위해, 다양한 방법을 활용하여 고객들의 요구사항을 파악하고, 그에 맞는 제품이나 서비스를 개선하는 노력이 필요합니다. 이를 통해 비즈니스는 더 높은 고객 만족도와 이익을 얻을 수 있으며, 고

Continue writing please

객들은 더 나은 경험을 얻을 수 있습니다. 따라서, 모든 비즈니스는 고객들의 요구사항을 파악하고 그에 맞는 제품이나 서비스를 제공하기 위해 노력해야 합니다.

또한, 고객들의 요구사항과 욕구를 파악하기 위해서는 끊임없이 고객과의 소통이 필요합니다. 고객과의 대화나 피드백을 수집하고, 그것을 분석하여 제품이나 서비스를 개선하는 것이 중요합니다. 또한, 경쟁 업체들을 분석하고, 시장 동향을 파악하여 고객들이 원하는 것을 미리 예측하여 제공하는 것도 중요합니다.

마지막으로, 고객들의 요구사항과 욕구를 파악하고 그에 맞는 제품이나 서비스를 제공하는 것은 비즈니스 성장에 매우 중요한 요소입니다. 이를 위해서는 고객과의 소통이 필요하며, 다양한 방법들을 활용하여 고객들의 요구사항을 파악하고 제품이나 서비스를 개선하는 것이 필요합니다. 이를 통해 비즈니스는 고객 만족도를 높이고, 성장하며, 지속적인 발전을 이룰 수 있습니다.

하위챕터 제목을 넣었더니 프롬프트 대로 잘 나왔습니다. 먼저 1000자로 내용을 작성하고, 이후 1000자로 예시를 작성하고, 이후 3개의 사례를 1000자로 다시 작성하여 총 3000자의 글이 나왔습니다. 앞에서 답변이 길어지면 중간에 멈출 수 있고 그럴 때에는 '계속'이나 'Continue generating'을 누르면 된다고 했는데 AIPRM에서도 중간에 멈출 수 있습니다. 이 때에는 [그림 4-7]처럼 프롬프트 창 오른쪽에 있는 [Continue] 버튼을 클릭하면 자동으로 'Continue writing please'라는 메시지가 화면에 뜨며 답변이 이어집니다.

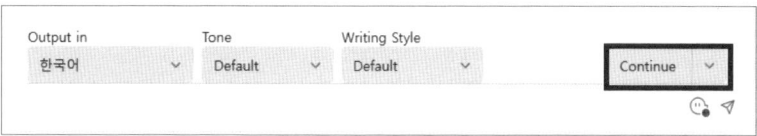

[그림 4-7] 답변이 멈출 때 Continue 버튼 누르기

4

글쓰기의 한계와 대처 방안

챗GPT는 글쓰기의 훌륭한 보조도구입니다. 저는 챗GPT를 배운 뒤 손쉽게 책을 쓰는 방법이 있다는 것을 알리기 위해 그 과정과 내용을 강의로 만들었습니다. 강의의 목적이 책을 쓰거나 유튜브 영상을 만들려고 한 것이 아니라 단지 챗GPT 초보자가 챗GPT와 AI 기술을 활용하여 어떤 결과물을 만들 수 있는지를 알리는 데 있었습니다.

하지만 강의를 들으러 오신 분들 중에는 출판사 대표나 작가 선생님처럼 출판을 목적으로 챗GPT를 배우려는 분들이 있었습니다. 클릭 한두 번으로 300페이지짜리 책이 저절로 만들어진다는 점이 관심을 끈 것 같습니다. 가히 놀랄 만한 일입니다. 챗GPT를 출시한 OpenAI사에서는 GPT API도 만들었습니다. API를 연동해 GPT를 사용할 수 있게 해주는 서비스인데, 챗GPT가 채팅을 위한 AI라면 GPT API는 사업자를 위한 서비스라고 할 수 있습니다.

GPT API를 활용하면 여러 프롬프트를 연속적으로 입력이 가능합니다. 구글 스프레드시트 같은 곳에 앱 스크립트를 작성하고 프롬프트를 함수로 만들어주면 미리 입력해 둔 프롬프트에 자동으로 글이 써지는 것이죠. 이 과정을 체험해본 수강생들은 대부분 긍정적이고 신기하다는 반응을 보였지만 쓰레기더미를 받은 것 같다, 허무하다는 반응을 보인 분들도 있었습니다.

둘 다 맞는 말입니다. 신기하기도 하지만 이게 정말로 내가 쓴 것인지 하는 의문이 들죠. 그냥 주제만 적었는데 글이 자동으로 다 써지니 말입니다. 지금 앞서 이야기한 내용도 그냥 프롬프트만 입력하면 자동으로 책을 다 써주는 것이나 다름없습니다. 그대로 가져다 쓴다면 말이죠.

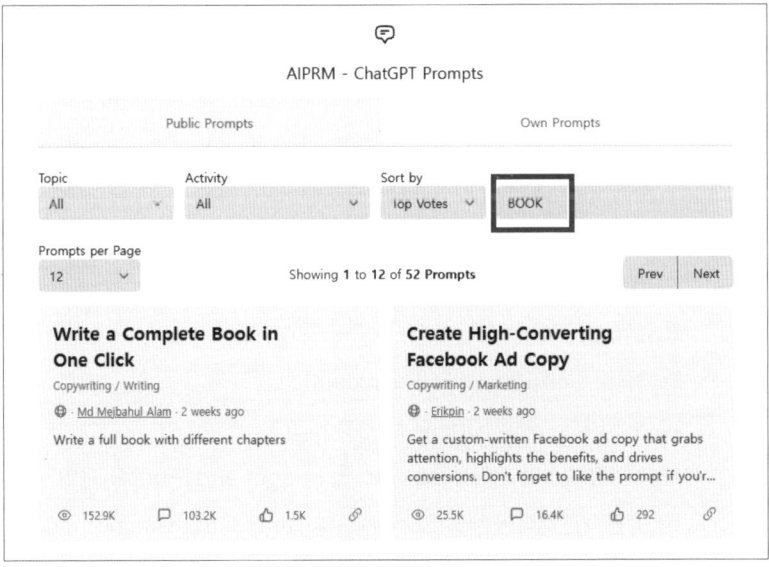

[그림 4-8] AIPRM에서 BOOK으로 검색한 모습

AIPRM에 BOOK이라고 검색하면 'Write a Complete Book in One Click' 이라는 프롬프트가 있습니다. 이것을 사용하면 한번에 책이 써

집니다. 'Continue' 버튼만 계속 누르면 되는 거죠. 아래가 그 예시입니다.

 스타트업을 위한 마케팅 전략

 Book Title: 스타트업을 위한 마케팅 전략 (Marketing Strategies for Startups)
1. 스타트업과 마케팅: 중요성과 개념 (Startups and Marketing: Importance and Concepts)
2. 시장 조사와 대상 고객 식별 (Market Research and Identifying Target Customers)
3. 제품과 브랜드 개발 (Product and Brand Development)
4. 디지털 마케팅 (Digital Marketing)
5. 소셜 미디어 마케팅 (Social Media Marketing)
6. 콘텐츠 마케팅 (Content Marketing)
7. 이메일 마케팅 (Email Marketing)
8. 검색 엔진 최적화 (Search Engine Optimization)
9. 퍼블릭 릴레이션 (Public Relations)
10. 오프라인 마케팅 (Offline Marketing)
11. 마케팅 예산과 수익성 (Marketing Budget and Profitability)
12. 성공적인 캠페인 계획 (Successful Campaign Planning)
13. 마케팅 분석과 개선 (Marketing Analysis and Improvement)
14. 글로벌 마케팅 (Global Marketing)
15. 브랜드 관리와 유지 (Brand Management and Maintenance)

> **Book Introduction:**
> 스타트업의 성공을 위해서는 우수한 제품뿐만 아니라 적극적인 마케팅 전략이 필수입니다. 스타트업의 특성상 예산과 시간이 제한되어 있기 때문에 효과적인 마케팅 전략이 더욱 중요해집니다. 본 책은 스타트업을 대상으로 마케팅 전략의 중요성과 기본적인 개념부터 시작하겠습니다.

API에 등록된 프롬프트를 클릭하고 제목을 바꿔 입력했더니 15개의 마케팅 전략을 정리해주고 개념을 설명해주는 모습입니다. 이렇게 만들어 출판을 한다고 하면 이 책의 저자는 챗GPT일 것입니다. 하지만 챗GPT는 거대언어모델을 기반으로 만들어진 프로그램이기 때문에 단어를 벡터값에 따라 배치하고 문장 다음에 나올 가능성이 가장 높은 단어를 배치하는 것이기 때문에 가끔 무슨 내용인지 알 수 없는 말을 내보내는 경우도 있습니다. 사실 여부도 확실하지 않고 저작권이 해결되었는지 여부도 알기 어려운 자료들을 사용하는 경우도 있어 주의해야 합니다. 챗GPT로 글쓰기의 명백한 한계이자 앞으로 풀어야 할 문제이기도 합니다.

이 문제가 앞으로 해결될지는 의문입니다. 발전의 발전을 거듭한다고 해도 그 책이 내가 쓴 책은 아닐 것이기 때문이죠. 이 한계를 극복하는 좋은 대처방안은 결국 내가 직접 쓰는 것입니다. 챗GPT가 제시해주는 건 참고로 하고 나의 생각과 의견이 들어가야 합니다. 그래서 개조식으로 글을 써 달라고 하면 좋습니다. 1번부터 10번까지의 내용 중에 내가 선택하면 되는 것이기 때문이죠. 챗GPT의 가장 큰 장점은 내가 생각하지 못한 것을 찾아준다는 것입니다. 알고는 있었지만 갑자기 생각이 안나는 것들을 챗GPT는 상식적인 선에서 알려줍니다. 결국 AI나 챗GPT는 작업을 도와주는 도구 정도로 활용할 때 가장 유용한 것 같습니다.

출판계에는 대필 작가가 있습니다. 어떤 저자에게는 독자들이 궁금할 내용들이 많은데 저자가 글쓰기에 소질이 없을 경우에는 대필작가가 저자의 말을 듣고 글을 씁니다. 하지만 대필 작가는 어디까지나 대필 작가일뿐 저자가 아닙니다. 저자가 자신의 생각으로 주제를 선정하고 그에 대한 이야기를 잘 전달할 때 대필 작가가 좋은 글을 쓸 수 있는 것처럼 챗GPT를 활용해 책을 쓸 때도 내가 명확한 의지와 기준을 갖고 있어야 좋은 책이 나옵니다. 그래야만 그 책은 온전한 나의 책이 될 것입니다.

5장

챗GPT로 편집을 할 수 있다고?

1

편집 도구로 챗GPT 활용하기

원고가 완성되었다면 다음에 해야 할 일은 편집입니다. 편집은 독자가 글의 내용을 이해하기 쉽고 재미있게 느끼도록 만드는 작업으로 오탈자와 띄어쓰기, 맞춤법 교정은 물론이고 예상 독자를 상정하고 그에 맞게 책의 성격과 콘셉트를 정한 뒤 디자인 등을 생각하는 일을 말합니다. 제가 경험한 바로는 출판의 여러 과정 중에서 편집이 가장 힘들었는데 꼼꼼하게 진행해야 하다 보니 수고가 많이 들어가고 과정이 지루하고 힘들어서 매우 어렵습니다.

하지만 편집에 챗GPT를 활용한다면 매우 빠르고 정확하게 할 수 있습니다. 챗GPT는 언어 모델을 기반으로 하는 프로그램이기 때문에 언어와 주제에 대한 풍부한 학습을 바탕으로 텍스트를 생성하고 이해하는 능력이 뛰어납니다. 이런 기술 덕분에 원고 편집 및 교정 작업에 챗GPT는 훌륭한 결과물을 보여주는데요, 어떤 식으로 편집 및 교정을 해주는지 하나씩 살펴보도록 하겠습니다.

1. 문법 및 구문 오류 수정

원고를 작성하다 보면 불가피하게 문법적 오류나 앞뒤 말이 다른 일이 발생할 수 있습니다. 챗GPT는 이러한 문제를 자동으로 감지하고 수정할 수 있는 능력을 가지고 있습니다.

 그녀는 케이크를 좋아하다고 말했다, 그리고 초콜릿 아이스크림.

 그녀는 케이크를 좋아한다고 말했고, 초콜릿 아이스크림도 좋아한다.

 오늘 밤 달은 매우 밝은 빛나고 있다.

 오늘 밤 달은 매우 밝게 빛나고 있다.

2. 어휘 및 표현 개선

챗GPT는 문장의 의미를 해치지 않으면서도 표현을 개선하고 다양한 어휘를 사용하여 글의 완성도를 높일 수 있습니다.

 날씨가 좋아서 공원에 많은 사람들이 왔어요. 그들은 산책도 하고, 음식도 먹으면서 즐거운 시간을 보냈어요.

 맑은 하늘 아래 공원은 방문객들로 북적였습니다. 그들은 여유로운 산책을 즐기고, 맛있는 음식을 나눠 먹으며 기쁨 가득한 시간을 만끽했습니다.

그는 행복했고 모두에게 웃음을 전달했다.

 그는 기쁨에 차 있어 모두에게 웃음을 선사했다.

3. 논리적 구조 및 일관성 개선

글의 논리적 구조를 강화하고 일관성을 유지하는 것은 중요합니다. 챗GPT는 글의 구조를 개선하고 일관성 있는 전개를 돕습니다.

 휴대폰은 매우 편리하다. 그러나 휴대폰의 배터리 수명이 떨어지면 문제가 생긴다. 사람들은 스마트폰을 사용하여 일상생활에 필요한 다양한 기능을 이용한다.

 휴대폰은 매우 편리하며, 사람들은 스마트폰을 사용하여 일상생활에 필요한 다양한 기능을 이용한다. 그러나 휴대폰의 배터리 수명이 떨어지면 문제가 생길 수 있다.

 고객의 행동을 분석하는 것은 중요합니다. 마케팅 캠페인을 통해 많은 데이터를 수집할 수 있습니다. 많은 회사들이 데이터를 충분히 활용하지 못합니다. 데이터는 가치 있는 통찰력을 제공할 수 있습니다.

 고객의 행동을 분석하는 것은 마케팅 캠페인의 성공에 있어 필수적입니다. 이를 위해 캠페인을 통해 수집한 방대한 데이터를 효과적으로 활용해야 합니다. 하지만 많은 회사들이 이 데이터의 잠재력을 완전히 이해하고 활용하지 못하고 있습니다. 적절히 분석된 데이터는 시장 동향과 고객 선호의 변화를 예측하는 데 필수적인 가치 있는 통찰력을 제공할 수 있습니다.

4. 명료성 및 가독성 개선

글의 명료성과 가독성은 정보 전달의 효과와 독자의 이해에 중요한 영향을 미칩니다. 챗GPT는 문장을 명료하게 전달할 수 있도록 돕습니다.

집에서 30분 거리인 그 식당은 메뉴가 다양하고 맛있는 음식을 제공하며 분위기도 좋다.

그 식당은 집에서 30분 거리에 위치해 있으며, 다양한 메뉴와 맛있는 음식을 제공하는 것은 물론, 분위기 또한 좋다.

어느 정도는 비즈니스의 복잡성이 있으나, 우리는 고객에게 더 나은 서비스를 제공하기 위하여 우리의 제품 개발 프로세스를 단순화하는 데 많은 시간을 투자하고 있음을 알려드리고자 합니다.

우리는 고객 서비스를 개선하기 위해 제품 개발 과정을 단순화하기 위해 노력하고 있습니다.

5. 톤 및 스타일 조정

독자와 목적에 맞게 글의 톤과 스타일을 조정하는 것도 중요합니다. 챗GPT는 글의 목적에 따라 적절한 톤과 스타일을 유지할 수 있습니다.

 너는 진짜 멋있어. 이 프로젝트를 완료하는 데 엄청 도움이 됐어!

 귀하의 업무 수행 능력에 감탄하며, 이 프로젝트 완료에 많은 도움을 주셨음을 진심으로 감사드립니다.

 우리 연구팀은 서비스 개선을 위한 새로운 방법론을 개발하고 있습니다. 이는 고객 만족도를 높이는 데 기여할 것입니다.

 본 연구소는 고객 만족도 향상을 위한 첨단 서비스 개선 방법론을 개발 중에 있습니다. 이 방법론은 고객의 요구사항을 정밀하게 분석하고, 서비스 전달 과정을 최적화하여, 사용자 경험을 극대화할 것으로 기대됩니다.

챗GPT를 이용한 편집과 교정은 작성자의 글을 문법적으로 정확하게 만들고, 표현을 개선하며, 논리적 구조와 일관성을 강화하는 데 큰 도움이 됩니다. 또한 명료성 및 가독성을 높이고, 적절한 톤과 스타일을 유지함으로써 글의 질을 향상시키는 데 기여합니다.
실제로 집필을 하면서 출판사에서 교정을 챗GPT로 해주었습니다.

서론. 책쓰와 인공지능

내가 쓴 책 한권은 있었으면 좋겠다라는게 처음 책을 썼을 때의 마음이었다. 내 책이 나오고 나서 너무 기분이 좋았다. 6 개월 정도의 집필 기간과 퇴고 그리고 출간까지 기뻤지만 그 과정은 고통스러웠다. 머리 속에 있는 데이터를 잘 조합해서 독자들이 알기 쉽게 풀어서 설명해야 했기에 그 과정은 결코 녹록치 않다.

그런 나에게 인공지능은 충격 그 자체였다. Chat-GPT라는 것이 나오면서 GPT API 를 이용한 자동 글쓰기 도구들이 나오기 시작한 것이다. 구글 스프레드시트에 그냥 내가 쓰고 싶은 책의 주제를 적으면 마우스 클릭만으로 300 페이지짜리 책이 1 시간만에 뚝딱 나왔기 때문이다. 그 결과를 SNS 에 업로드했더니 많은 사람들이 강의를 개설해 달라고 하여 강의를 하고 있다. 강의를 열자마자 하루도 안되어 매진이 되었다.

 내 생애 첫 책을 집필할 때, 내가 쓴 책이 한 권은 이 세상에 있었으면 좋겠다는 마음이었다. 그리고 마침내 책이 나오고 나서 너무 기쁨에 가득 찼다. 그러나 출간에 이르기까지 6개월 남짓의 집필 기간과 퇴고 과정은 너무 고통스러웠다. 머릿속에 있는 데이터를 잘 조합해서 독자들이 알기 쉽게 풀어서 설명하는 것은 결코 녹록치 않았다.

그런 나에게 인공지능은 충격 그 자체였다. 최근 인공지능 기술의 발전으로 GPT API를 이용한 자동 글쓰기 도구들이 나오기 시작한 것이다. 구글 스프레드시트에 쓰고 싶은 주제를 적으면 마우스 클릭만으로도 1시간 만에 300페이지 분량의 책이 뚝딱 나왔다. 이후 SNS에 결과물을 공유하니 강의 요청이 쇄도했다. 그렇게 개설된 강의는 단 하루도 안 되어 매진되었다.

아무리 봐도 논리적으로나 문법적으로나 챗GPT가 필자보다 더 잘 쓴 것 같습니다. 특히 '그러나' 같은 접속사를 적절히 배치해 문장을 매끄럽게 다듬어주었고 '않다'를 '않았다'라고 바꾸어주는 등 시점에 맞게 잘 정리해주었습니다. 하지만 챗GPT가 교정해준 글을 그대로 가져다 쓰면 나만의 개성이 사라질 뿐만 아니라 완벽하다고는 할 수 없기 때문에 무조건 믿어서는 안 됩니다. 챗GPT가 내놓은 대답 중에도 '녹록지'로 표기되어야 할 것이 '녹록치'로 표기되었으니 상황에 따라 필요한 부분만 참고하여 교정에 활용하면 좋을 것 같습니다.

2

챗GPT에게 피드백 받기

챗GPT에게 내가 쓴 글에 대해서 평가를 받아볼 수도 있습니다. 챗GPT에게 독자의 역할을 맡기고 피드백을 받아보는 것을 시뮬레이션 해볼 수 있는데요, 편집자의 입장에서 피드백을 받아볼 수도 있고, 다양한 역할을 부여해볼 수 있습니다.

 너는 30세 직장인이고 직무는 마케터야. 인스타그램 마케팅에 곤란함을 겪고 있었는데 마침 아래 글을 보았어. 이에 대한 너의 평가가 궁금해.

"가장 많이 듣는 질문 중 하나가 바로 인스타그램 노출에 관한 것이다. 어떻게 하면 노출을 늘릴 수 있는지, 노출이 갑자기 줄었는데 어떻게 해야 할지에 대해서 질문이 올 때면 계정에 분명 노출에 관한 문제가 있음을 알게 된다. 인스타그램에서 노출을 늘리려면 기본 원칙을 알아야 한다. 우선 노출이란 무엇일까? 도달과 노출이라는 것이 있다. 도달은 내 콘텐츠를 본 사람의 수를 의미하고, 노출은 내 콘텐츠를 본 횟수를 의미한다. 한 사람이 들어와서 5개의 콘텐츠를 보았다면 도달은 1이고 노출은 5인 것이다. 사람들이 많이 들어오게 하는 것도 중요하지만, 들어와서 여러 콘텐츠를 보게 하는 것이 노출을 늘리는 가장 기본 원칙이다.
인스타그램의 인사이트를 보면 5가지 기준이 나온다.
인스타그램의 게시물 인사이트를 보면 위의 이미지를 볼 수 있을 것이다. 인스타그램 인사이트를 보려면 우선 프로페셔널 계정이나 크리에이터 계정으로 전환을 해야 볼 수 있다. 개인 계정은 인사이트를 볼 수 없기 때문에 우선 프로페셔널 계정이나 크리에이터 계정을 전환을 해 놓도록 하자. 위의 이미지를 보면 노출에 5가지 영역이 나온다. 홈, 프로필, 탐색 탭, 해시태그, 기타. 이 5가지가 노출에 가장 중요한 요소이다. 인스타그램에 노출을 늘리기 위해서는 이 5가지 항목을 늘리면 되는 것이다. 하나씩 살펴보도록 하자."

예전에 제가 브런치에 썼던 글로 챗GPT에게 독자의 입장에서 피드백을 받아보겠습니다. 먼저 GPT-4가 내놓은 대답입니다.

 이 글은 인스타그램 마케팅을 하려는 사람들에게 도움이 될 것으로 보입니다. 먼저, 인스타그램에서 노출과 도달의 차이를 설명해주고 있으며, 인스타그램 인사이트를 통해 어떻게 노출을 늘릴 수 있는지에 대한 정보를 제공하고 있습니다.
특히, 5가지 핵심 노출 영역 (홈, 프로필, 탐색 탭, 해시태그, 기타)에 대해 설명하고 있어, 이를 참고하여 각 영역별로 노출을 늘리는 전략을 세우면 도움이 될 것입니다.
하지만, 이 글은 기본 정보만 제공하기 때문에, 더 심화된 인스타그램 마케팅 전략을 원하는 경우 추가적인 자료와 전문가의 도움을 받아야 할 수도 있습니다. 그럼에도 불구하고, 이 글은 인스타그램 마케팅을 어려워하는 당신에게 좋은 사례가 될 것입니다. 이를 바탕으로 계정의 노출을 개선하고, 많은 사람들에게 콘텐츠를 전달할 수 있을 것입니다.

GPT-4는 먼저 글을 한번 요약해주고 그다음으로는 중요한 사실을 언급해주었지만 자신이 기본적인 정보만 제공하고 있음을 인정하고 전문가의 도움을 받으라고 조언도 해줍니다. 사용자를 배려하는 모습도 인상적입니다. 반면 GPT-3.5는 조금 다른 대답을 내놓았습니다.

 위 글은 인스타그램 노출을 늘리는 방법에 대한 설명을 제공하고 있습니다. 이 글은 인스타그램에서 노출을 늘리기 위해 필요한 기본 원칙을 강조하고 있으며, 인사이트를 통해 노출에 영향을 미치는 5가지 요소를 제시하고 있습니다.

마케팅 분야에서 인스타그램은 매우 중요한 플랫폼 중 하나입니다. 따라서 노출을 늘리는 방법을 알고 있다면 인스타그램을 효과적으로 활용할 수 있습니다. 위 글에서 소개한 5가지 요소를 파악하고 해당 요소들을 효과적으로 활용하는 것이 노출에 중요합니다. 또한, 마케팅에서 인사이트는 매우 중요한 도구 중 하나입니다. 인사이트를 통해 인스타그램 사용자들의 행동 양식과 콘텐츠에 대한 관심사를 파악하고, 이를 기반으로 전략을 세우는 것이 중요합니다. 따라서, 프로페셔널 계정이나 크리에이터 계정으로 전환하여 인사이트를 파악하는 것이 매우 중요합니다.

종합적으로, 위 글에서 제공한 인스타그램 노출을 높이는 방법은 유용한 정보를 제공하고 있으며, 이를 활용하여 인스타그램 마케팅 전략을 세울 수 있습니다.

보시다시피 GPT-3.5는 요약만 해줄 뿐 평가를 해주지는 않았습니다. 피드백이 필요하다고 생각하면 GPT-4를 사용하는 것을 권합니다.

 이 글을 평가해줘.

 제공된 글은 인스타그램 마케팅에 관한 기초적인 정보를 제공하고 있습니다. 노출에 대한 개념을 설명하고, 인스타그램 인사이트를 활용하는 방법과 노출에 영향을 미치는 5가지 요소를 소개하고 있습니다. 이는 인스타그램을 활용하는 마케터나 비즈니스 관계자에게 유용한 정보일 수 있습니다.

하지만, 이 글은 인스타그램 마케팅에 대한 더 깊은 이해를 필요로 하는 독자들에게는 충분한 정보를 제공하지 못할 수 있습니다. 예를 들어, 어떤 콘텐츠가 인스타그램에서 좋은 노출을 얻을 수 있는지, 인스타그램 알고리즘이 어떻게 작동하는지 등에 대한 정보는 제공되지 않았습니다.

또한, 글의 내용은 인스타그램 마케팅에 대한 기초적인 정보를 다루고 있지만, 구체적인 전략이나 방법론을 제시하지는 않습니다. 따라서, 실제로 인스타그램 마케팅을 진행하고 있는 사람들에게는 좀 더 구체적인 정보와 전략이 필요할 것입니다.

종합적으로, 이 글은 인스타그램 마케팅에 대한 기초적인 정보를 제공하고 있으며, 인스타그램을 처음 다루는 사람들에게는 유용할 수 있습니다. 그러나, 더 깊은 이해와 구체적인 전략을 필요로 하는 사람들에게는 추가적인 정보가 필요할 것입니다.

그래서 다시 평가해 달라고 질문을 하니 그제서야 구체적인 평가를 해주고 있습니다. 기초적인 정보만 다루고 구체적인 전략이나 방법을 제공하지 않았다고 하네요. 그래서 이번에는 빙챗에 물어보았습니다.

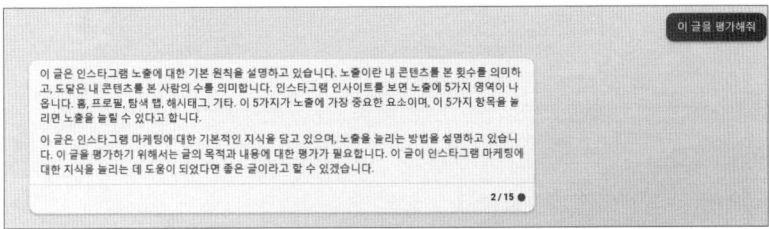

[그림 5-1] 빙챗의 답변

첫 질문에는 요약만 해줘서 다시 평가해 달라고 물어보았지만 특별한 조언이나 의견 없이 그냥 좋은 글이라고만 평가를 해주었습니다.

 대부분 비슷한 평가를 해주는 것 같지만 조금씩 차이를 보여주고 있습니다. GPT-3.5와 GPT-4, 빙챗을 상황에 맞게 잘 활용한다면 글에 대한 피드백을 통해 글을 더욱 완성도 있게 만들 수 있을 것입니다.

 다만 책 출판에 맞는 편집을 챗GPT가 모두 해주지는 못합니다. 챗GPT는 채팅을 통해 정보를 제공해주는 서비스이지 문서를 만들어주는 전문적인 프로그램이 아니기 때문입니다. 나중에 마이크로소프트의 코파일럿이 오피스에 적용된다면 출판 편집 샘플 워드 파일을 입력하고 같은 포맷으로 만들어달라고 하면 가능할지도 모르겠지만 아직까지는 책에 이미지가 들어갔을 때 어떻게 편집을 해야 한다거나 하는 것까지는 할 수 없습니다. 프로그램이 나아지길 기대하며 제작자와 사용자 모두 개선의 방법을 찾아야겠습니다.

6장

챗GPT로 전자책을 만들 수 있다고?

1

출간 준비하기

편집이 끝났으면 이제 책을 인쇄하고 출간할 준비를 해야 합니다. 먼저 출판의 형식을 먼저 알아보겠습니다. 출판의 형식은 다양하지만 책의 제작과 비용 부담 주체에 따라 크게 세 종류로 분류됩니다.

먼저 전통적 출판은 작가가 출판사와 계약을 맺으면 작가는 원고를 작성하고, 출판사가 편집, 디자인, 인쇄, 배포, 마케팅을 전담하는 형태입니다. 제작비는 출판사가 부담합니다.

다음으로는 요즘 인기를 끌고 있는 방식인 독립출판입니다. 이 방법은 원고부터 제작까지 과정을 저자가 직접 관리하며 출판하는 것입니다. 최근에 생긴 독립 출판 플랫폼 덕분에 작가는 책의 편집, 디자인, 인쇄, 배포, 마케팅을 직접 수행할 수 있습니다.

마지막으로 자비출판이 있습니다. 이 방식은 저자가 출판사에게 제작비의 일부를 지불하고 출간하는 방식입니다. 출판사 입장에서 보면 시장성은 없지만 저자가 책이 필요한 경우 취하는 방식입니다. 그 밖에도 전통출판과 자비출판의 중간 위치에 있는 책들도 있습니다. 또 전통적 출판이라 하더라도 시장성이 불투명하거나 좁을 경우, 일정 부분은 저자가 제작비를 부담하고 출간하는 형태도 있습니다.

　인쇄 방식도 고려해야 합니다. 먼저 옵셋 인쇄를 꼽을 수 있습니다. 인쇄소에 있는 대형 인쇄기를 사용하는 방식으로 이 방법은 1권당 제작단가가 저렴하고 빠른 시간 내에 다량의 인쇄물을 제작할 수 있다는 장점이 있습니다. 하지만 인쇄기를 움직이는 데 필요한 기본 공임이 있어서 인쇄 비용과 종이 비용 등을 합하면 최소 수백만 원의 제작비와 많은 재고 보관 비용이 든다는 단점이 있습니다.

　또 다른 인쇄 방식에는 POD_{Print on Demand} 방식이 있습니다. 이 방식은 디지털 인쇄기를 통해 독자가 책을 구매할 때마다 제작하는 방식입니다. 적은 부수의 책도 제작해주는 만큼 인쇄량이 많지 않을 때 선호되지만 인쇄 품질이 옵셋 인쇄에 비해 떨어지고 1권당 제작단가가 높다는 단점이 있습니다.

　책의 형태도 고려해야 합니다 종이책은 우리가 보통 책이라고 하는 것을 의미합니다. 오래 보관할 수 있고 읽는 맛이 있지만 제작과 유통, 보관 등에 비용이 많이 발생하기 때문에 일정 수준의 판매량이 확보되지 않는다면 손해를 감수해야 합니다.

　다음으로 등장한 전자책은 디지털 형태로 판매하는 책입니다. 종이책 만큼의 제작비가 들지 않고 보관비는 거의 없다고 할 만큼 적어 출판을 잘 모르는 개인도 손쉽게 접근할 수 있지만 전자책을 보려면 전자 기기가 필수라는 단점도 있습니다.

　마지막으로 오디오북은 전문 성우를 고용해 책의 내용을 녹음해 유통한 책입니다. 시각장애인이나 눈이 좋지 않은 사람도 책의 내용을 접할 수 있고 걷거나 움직이면서 들을 수 있어서 유용하나 성우 섭외와 녹음에 필요한 비용이 매우 많아 아직 종수가 많지 않습니다.

저자에게 가장 이상적인 출간 형식이라고 하면 저자가 어떠한 하나의 주제에 대해 글을 쓰고 해당 주제와 연관된 책들을 꾸준히 출간해와서 인지도가 있고 마케팅 능력도 있는 출판사가 출간을 담당하는 전통적 출판 방식입니다. 저자가 먼저 출판사에 투고하기도 하고 출판사가 저자에게 제안을 하기도 하는데 이렇게 출간되는 책은 출판사에서 일하는 전문인력의 피드백을 거치게 되므로 저자 혼자 출간을 책임질 때보다 더 좋은 책을 만들 수 있습니다. 그러나 원고가 출판사의 환영을 받지 못하거나 시장이 협소할 때는 저자가 혼자 모든 책임을 져야 하는 자비출판으로 출간할 수도 있고 전통적 출판과 자비출판의 혼합형으로 출간도 가능합니다.

2

챗GPT로 혼자 출간하기

독자 여러분이 읽고 있는 이 책은 출판사에서 출간됐으므로 종이책이자 전통적 출판물입니다 반면 제가 강의하고 출간한 책은 전자책이자 독립 출판물입니다. 또 챗GPT로 100명이 동시에 책을 쓰는 강의를 진행하면서 만들었던 100권의 책은 종이책으로 출간하는 전통적 출판의 형태를 따랐지만 POD 방식으로 인쇄했습니다. 자신의 목적과 비용, 시간, 기술적인 능력을 고려해 자기에게 맞는 출판 방식을 선택하면 됩니다.

출판사의 도움을 받아 출간하는 방식은 앞에서 소개했으니 여기서는 출판사를 통하지 않고 직접 책을 판매하는 방식을 소개하겠습니다. 먼저 PDF 형태의 파일로 판매하는 방식입니다. 크몽 같은 플랫폼을 이용하거나 독자의 구매 요청이 들어오면 책을 유통하는 이 방식은 다른 방식에 비해 저자가 많은 수익을 가져간다는 장점이 있지만 ISBN이 없어서 일반적인 형태의 책이라고 할 수는 없습니다. ISBN을 받지 않으면 세종도서나 우수출판콘텐츠 지원 사업 등 국가에서 진행하는 출판 지원 사업에 응모할 수 없습니다. 따라서 직접 책을 만들면서 ISBN을 받아 책을 판매하려면 출판사 등록을 해야 하는데 이것이 보통 어려운 일이 아닙니다. 이럴 때에는 부크크 같은 자가출판플랫폼의 도움을 받아 국내에 출간할 수 있습니다. ISBN도 받을 수 있으니 쉽게 출간할 수 있을 것입니다. 부크크는 홈페이지에 출간 방법을 자세히 소개해두었으니 여기서는 설명하지 않고 제가 경험해봤던 아마존 킨들에 출판하는 방법을 소개하겠습니다.

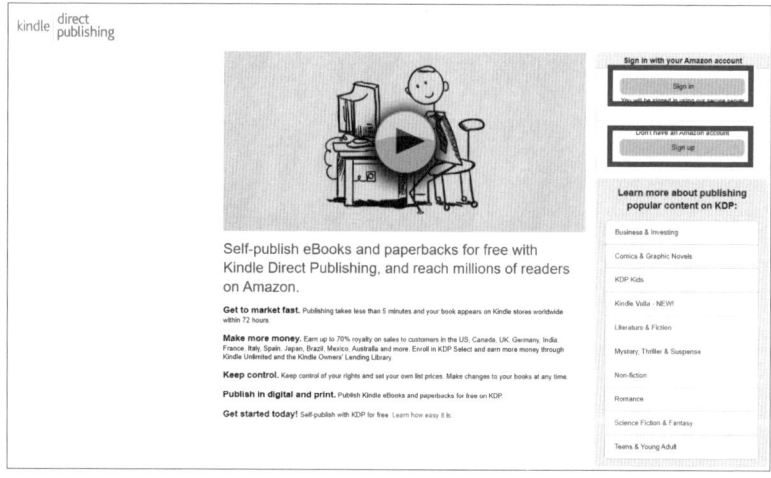

[그림 6-1] 아마존 킨들 홈페이지

아마존 킨들 홈페이지인 kdp.amazon.com에 접속해보겠습니다. 아마존에 책을 유통하려면 먼저 아마존에 로그인을 해야 합니다. 메인 화면 우측 상단에는 Sign in과 Sign up이라고 적힌 두 가지 노란색 네모박스가 있는데, 위의 것은 아마존 아이디가 있을 때 누르는 로그인 버튼이고 아래의 것은 아이디가 없을 때 누르는 가입 버튼입니다. 아마존에 이미 가입해서 쇼핑을 해본 경험이 있다면 해당 아이디와 비밀번호로 로그인하면 됩니다. 가입되어 있지 않다면 회원가입부터 진행하면 됩니다.

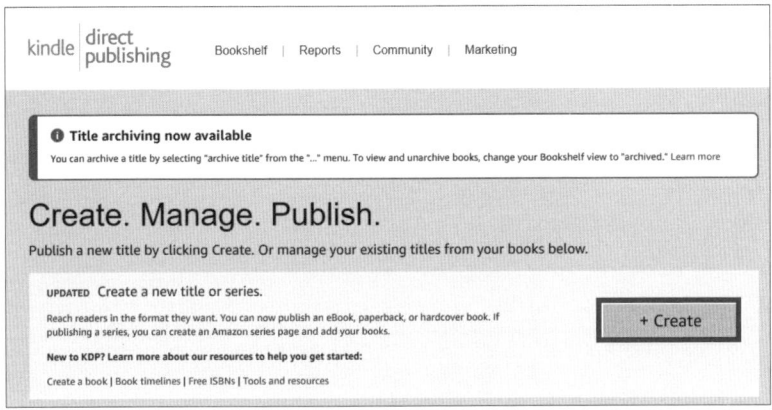

[그림 6-2] 아마존 킨들 전자책 제작 페이지

아마존에 로그인을 하고 아마존 킨들에 들어가면 나타나는 메인 화면에서 노란색 버튼으로 되어 있는 [+Create] 버튼을 클릭합니다. 이제부터 전자책을 본격적으로 만들 수 있습니다. 다만 아마존에서는 파일의 확장자가 이펍epub인 원고만 서비스하고 있으니 그에 맞춰 준비해야 합니다. 국내 사용자가 문서를 작성할 때는 주로 마이크로소프트 워드 Microsoft-Word나 한글 프로그램을 사용하는데 온라인에는 convertio.co/kr/doc-epub/처럼 워드 파일을 이펍 파일로 변환해주는 사이트가 많으니 참고하면 좋습니다. 한글 프로그램으로 만든 문서는 먼저 워드에 붙여 넣은 뒤 위의 사이트에서 이펍 파일로 변환하면 됩니다.

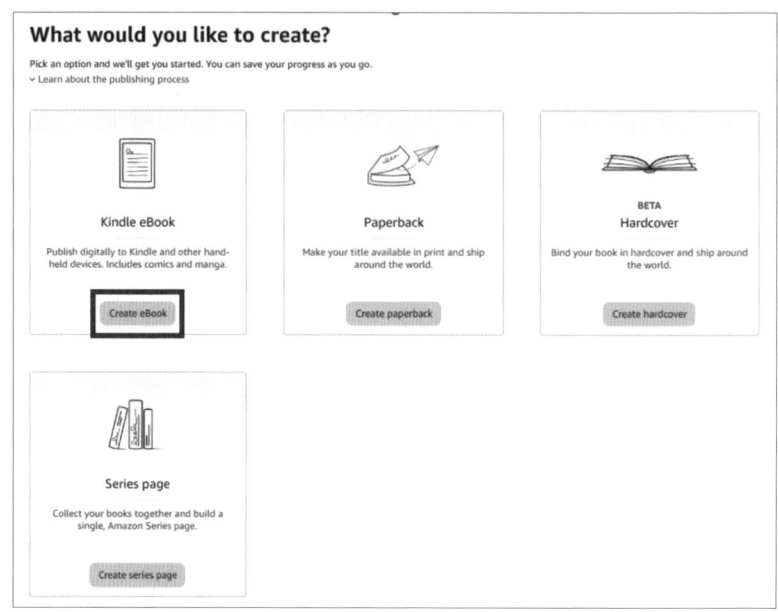

[그림 6-3] 아마존 킨들 ebook 메인 화면

[+Create] 버튼을 누르면 [그림 6-3]의 화면이 나타나며 네 가지 옵션을 선택할 수 있습니다. 왼쪽 상단부터 차례대로 설명하면 먼저 전자책을 만들고 유통할 수 있는 킨들 eBook이 있습니다. 그 옆에는 가벼워서 들고 다니기 편한 종이책인 Paperback이 있고, 그 옆에는 표지가 딱딱한 합지로 되어 튼튼하고 묵직한 느낌을 주는 Hardcover가 있습니다. 양장본이라고도 부르는 Hardcover는 책을 보관하기에 용이하고 튼튼하다는 장점이 있지만 제작비가 비싸다는 단점이 있습니다. 그리고 왼쪽 아래에는 시리즈 도서를 낼 때 용이한 Series page가 있습니다. 전자책으로 유통할 예정이니 킨들 ebook을 선택하도록 하겠습니다. [Create ebook] 버튼을 누르겠습니다.

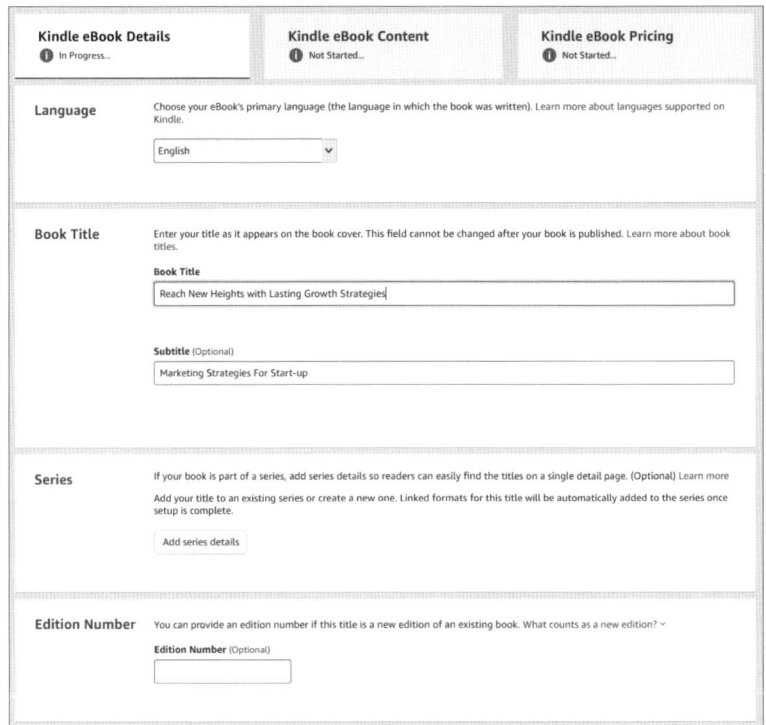

[그림 6-4] 아마존 킨들에 이펍 파일 등록하기 1

그러면 세 단계를 통해서 eBook을 등록할 수 있습니다. 첫 번째 단계는 Kindle eBook Details 단계입니다. Language에서 책을 쓴 언어를 선택해줍니다. 아직 아마존 킨들은 한국어 서비스를 하고 있지 않으니 여기서는 제가 만들고 유통했던 책에 사용한 언어인 영어를 선택하겠습니다. 다음으로 Book Title에는 제목을 넣어주고, Subtitle에 부제를 넣어줍니다. 부제는 없어도 등록할 수 있지만 부제를 정하고 싶다면 챗GPT에 물어보고 아이디어를 얻을 수 있으니 참조하면 좋습니다. Series와 Edition Number 역시 부제와 마찬가지로 비워두어도 되지만 시리즈 도서라면 적어주는 것이 노출에 도움이 되니 채워주는 것을 권합니다. 여기서는 일단 비워두겠습니다.

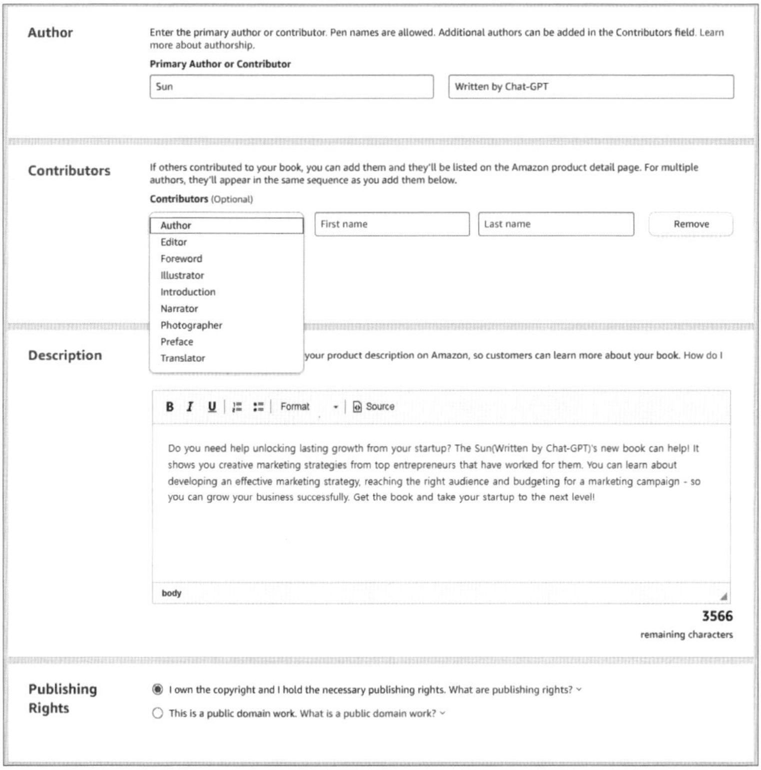

[그림 6-5] 아마존 킨들에 이펍 파일 등록하기 2

Author에는 저자의 이름을 적어주면 되고 Contributors에는 저자 외에 이 책을 만든 사람들을 넣어주면 됩니다. 편집자Editor나 삽화가 Illustrator, 사진작가Photographer나 번역가Translator 등 여러 사람을 선택해 넣을 수 있습니다. 아래에 있는 Description에는 책의 요약 글을 넣으면 됩니다. 이 부분도 챗GPT에게 맡기면 잘 작성해주는데 서론의 내용을 요약해 달라고 하면 요청에 맞게 잘 작성해줍니다. 최대 4000자까지 작성해줄 수 있으니 그에 맞게 요청하면 됩니다.

Publishing Rights는 이 책의 저작권과 관련된 내용인데 저작권이 나에게 있으면 첫 번째 항목인 'I own the copyright and I hold the necessary publishing right'을 선택하고 저작권이 만료되었다면 'This is a public domain work를 선택하면 됩니다.

여기서 말하는 퍼블릭 도메인이란, 공공의 이익을 위해 저자가 저작재산권을 포기한 저작물이나 저자가 사망한지 일정 시간이 지나 저작 재산권이 소멸한 저작물을 말합니다. 이러한 저작물들은 누구나 자유롭게 사용할 수 있으니 첫 번째 항목이 아닌 두 번째 항목에 클릭할 때는 매우 신중히 생각하고 클릭해야 합니다.

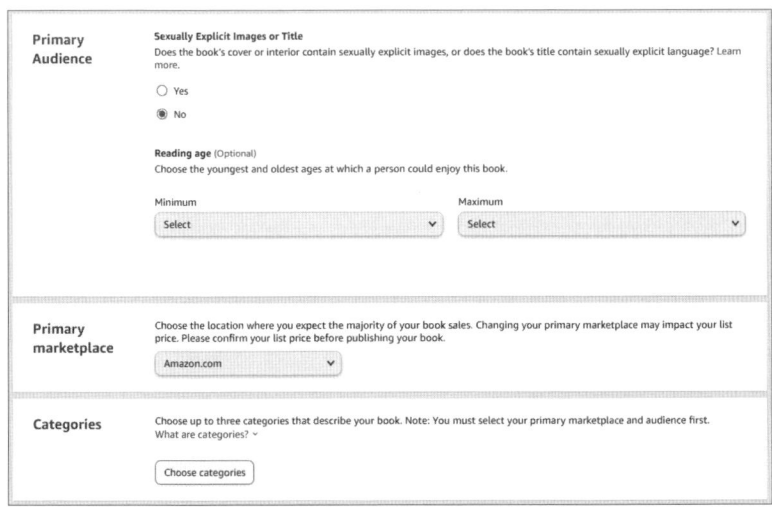

[그림 6-6] 아마존 킨들에 이펍 파일 등록하기 3

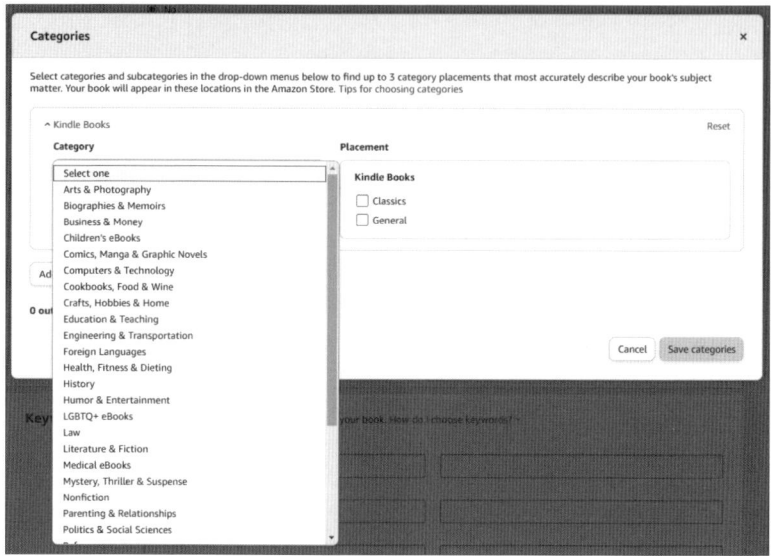

[그림 6-7] Categories에서 Select one을 클릭했을 때의 모습

[그림 6-6]에 있는 Primary Audience에서는 핵심 독자를 정하는데 아마존은 표지와 본문에 성적인 표현이 있는 경우와 없는 경우를 구분하도록 시스템을 만들어두어서 청소년을 보호하고 있습니다. 우리나라에서도 청소년 유해매체물로서 19세 미만의 청소년이 이용할 수 없는 도서에 대해서는 표지에 '19세미만 이용불가'라는 로고를 붙여두는데 비슷한 조치라고 보면 됩니다. 표지와 본문에 성적인 표현이 있다면 Yes에 클릭하고 없다면 No에 클릭하면 됩니다. 아래에는 이 도서를 이용할 수 있는 최저 연령과 최대 연령을 설정하도록 항목을 구비해두었으니 필요에 따라 선택하면 됩니다. Primary Marketplace에는 아마존 외에 프랑스, 영국, 일본 아마존 등을 선택할 수 있습니다. 가장 잘 노출될 곳으로 저는 일단 아마존을 선택했습니다. Categories에서

Choose categories를 선택하면 [그림 6-7]처럼 도서의 분야를 결정할 수 있습니다. 책의 성격에 따라 유아용 책Children's eBooks, 역사History, 법Law 등 다양한 분야의 책을 고를 수 있습니다.

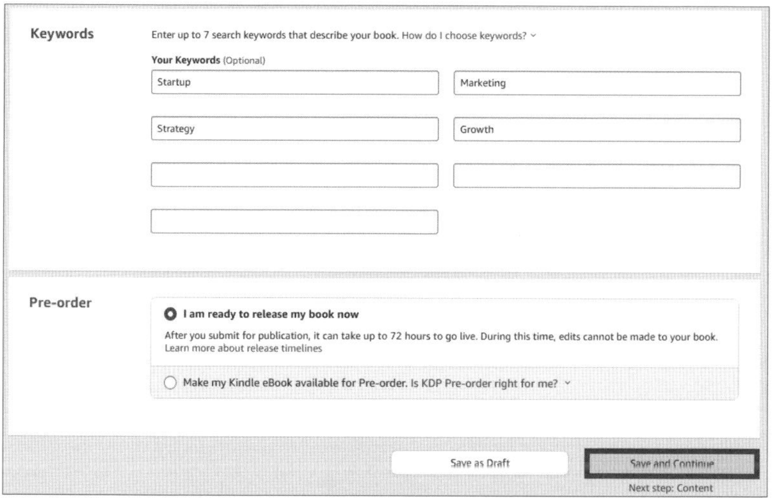

[그림 6-8] 아마존 킨들에 이펍 파일 등록하기 4

Keywords 부분에는 책을 대표하는 키워드를 적어줍니다. 아마존에서는 모두 7개의 Keyword를 제공하고 있는데, 빈칸을 모두 채울 필요는 없습니다. 여기까지 채워야 할 부분을 모두 채웠으면 준비되었다는 의미로 Pre-order에서 [I am ready to release my book now]를 클릭합니다. 다만 사전 예약을 진행할 도서라면 [Make my Kindle eBook available for Pre-order]를 클릭하고 날짜를 정해주면 됩니다. 모든 작업이 마무리 되었다면 [Save and Continue] 버튼을 클릭해서 다음 화면으로 넘어갑니다.

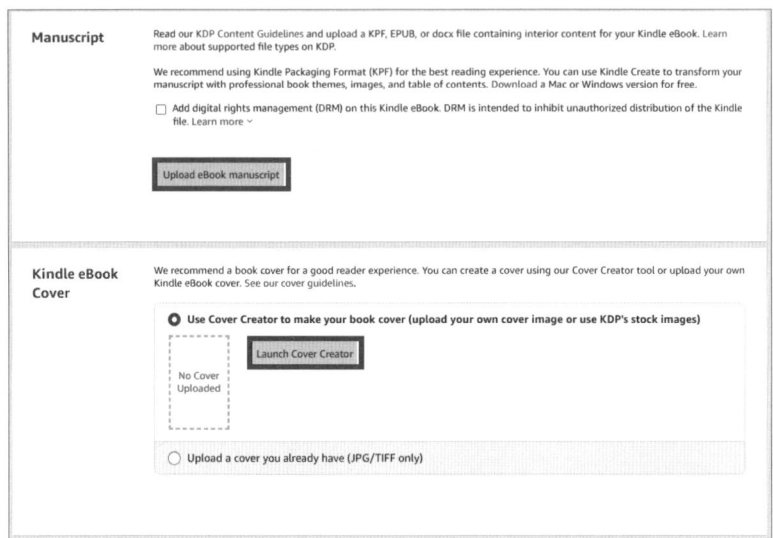

[그림 6-9] 아마존 킨들에 이펍 파일 등록하기 5

그러면 [그림 6-9]와 같은 화면이 나타납니다. 이 화면에서 [Uploaded eBook manuscript] 버튼을 누르면 앞에서 변환해둔 이펍 파일을 업로드할 수 있습니다. 그리고 아래에 있는 Kindle eBook Cover는 표지를 업로드할 때 사용하는데, 직접 표지를 만들었다면 아래의 'Uploade a cover you already have' 항목을 클릭해 나타나는 [Upload your cover file]을 클릭해 올려도 되지만 아마존에서 만들고 싶다면 'Use Cover Creator to make your book cover' 항목을 클릭해 [Launch Cover Creator] 버튼을 누르고 아마존에서 제공해주는 템플릿을 사용할 수 있습니다. 저도 이 항목을 클릭해 나오는 표지를 선택했는데 표지의 퀄리티가 괜찮습니다. 독자 여러분도 살펴보시기 바랍니다.

[그림 6-10] 아마존 킨들에서 만들어준 샘플 표지

아마존은 모두 10개의 샘플 표지를 제공해주는데 이 중에서 원하는 템플릿을 클릭하여 이미지를 넣으면 됩니다. 책 표지에는 기본적으로 제목과 부제목, 그리고 저자명이 자동으로 입력됩니다. 서체, 글자 크기, 표지 디자인 외에도 샘플 표지마다 제목과 부제가 다르게 배치되어 있으니 마음에 드는 것을 골라 사용하면 됩니다. 글자만으로 만들어진 표지도 있고 그렇지 않은 표지도 있는데 보면 볼수록 AI의 눈부신 발전에 놀라지 않을 수 없었습니다. 그러나 아마존에서 만들어준 이미지가 만족스럽지 않을 때에는 빙에서 출시한 빙 이미지 제작 플랫폼 Image Creator from Microsoft Bing을 사용하면 됩니다. 주소창에 www.bing.com/create을 입력해 접속해보겠습니다.

[그림 6-11] 빙에서 만든 이미지 제작 플랫폼 메인 화면

빙 이미지에서 영어로 프롬프트를 작성하면 이미지를 자동으로 생성해줍니다. 빙 이미지는 OpenAI사에서 제공하는 서비스 중 하나인 달리Dall-E를 장착하여 서비스를 제공하는데 이 플랫폼에서 만든 이미지는 품질이 우수하고 실제로 사람이 그린 것처럼 느껴지도록 이미지를 생성해냅니다. 또한 무료이고 무제한 사용할 수 있다는 점이 큰 장점입니다. 그리고 한 달마다 제공해주는 100개의 부스터를 사용하면 좀 더 빠르게 이미지를 만들어준다는 점도 도움이 됩니다.

　다만 빙 이미지는 일부분을 수정하는 것이 불가능하고, 처음부터 다시 만들어야 한다는 단점이 있습니다. 게다가 같은 단어를 입력해서 검색할 때마다 그 결과물이 너무나 다른 경우가 많아 사용자 입장에서는 혼란스럽다고 느낄 일이 자주 발생합니다. 또 영어로 검색했을 때와 달리 한국어로 검색하면 퀄리티가 많이 떨어진다는 점도 문제라고 할 수 있으니 번역기를 사용해서 검색하는 것을 추천하고 만든 이미지는 상업적으로 사용할 수 없으니 똑같이 달리로 이미지를 만들되 상업적으로 사용할 수 있는 챗GPT PLUS를 권합니다.

[그림 6-12] Image Creator from Microsoft Bing에서 만든 이미지

[그림 6-12]의 상단에 있는 프롬프트 입력 창에 제목을 입력하고 나온 이미지 중에 마음에 드는 것을 고르면 됩니다.

빙 이미지에는 이미지 저장 기능이 있어서 그동안 내가 저장했던 메뉴를 컬렉션 메뉴에서 확인할 수 있습니다. 부스터를 모두 사용해 새로운 이미지를 제작하는 데 시간이 많이 걸릴 때 예전에 만들어놓은 이미지가 있다는 그 부분들을 활용하는 것도 방법입니다. 부스터가 새로 생길 때마다 사이트를 방문해 이미지를 만들어둔다면 작업이 한결 쉬워질 것입니다.

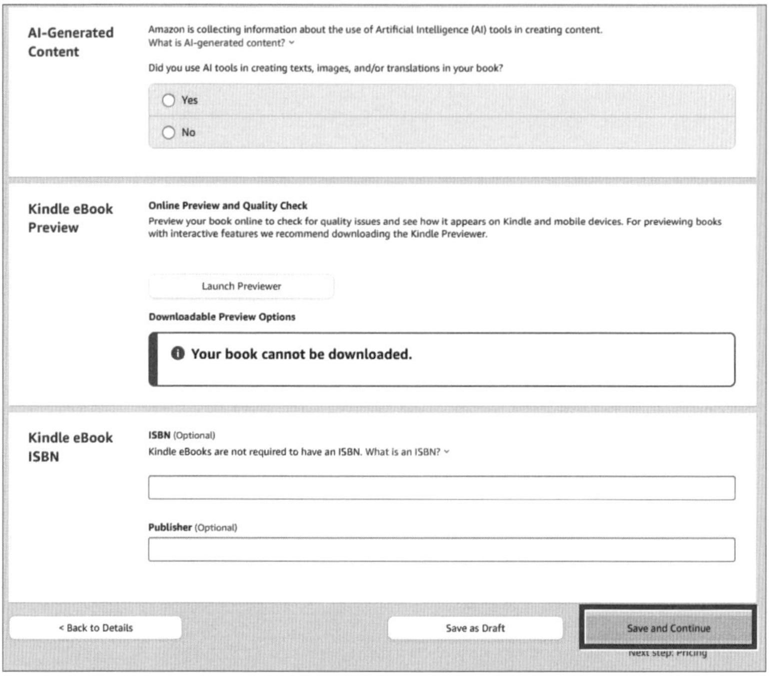

[그림 6-13] 아마존 킨들에 이펍 파일 등록하기 6

책 표지가 등록되었다면 다음으로 넘어가겠습니다. [그림 6-13]을 보면 AI-Generated Content 항목이 있는데 책 제작 과정에 인공지능을 사용했는지 여부를 묻습니다. 있으면 'Yes' 항목을 클릭하고 없으면 'No' 항목을 클릭하면 됩니다. 'Yes'를 클릭하면 본문Texts, 그림Images, 번역Translations 항목을 클릭할 수 있는데 이것 역시 책에 맞게 클릭하면 됩니다. 마지막으로 전자책 ISBN 항목에 ISBN을 입력하면 됩니다. 이 부분은 필수가 아닌 선택이니 필요에 따라 채워 넣으면 됩니다. 모든 작업이 끝나면 우측 하단의 [Save and Continue] 버튼을 누릅니다.

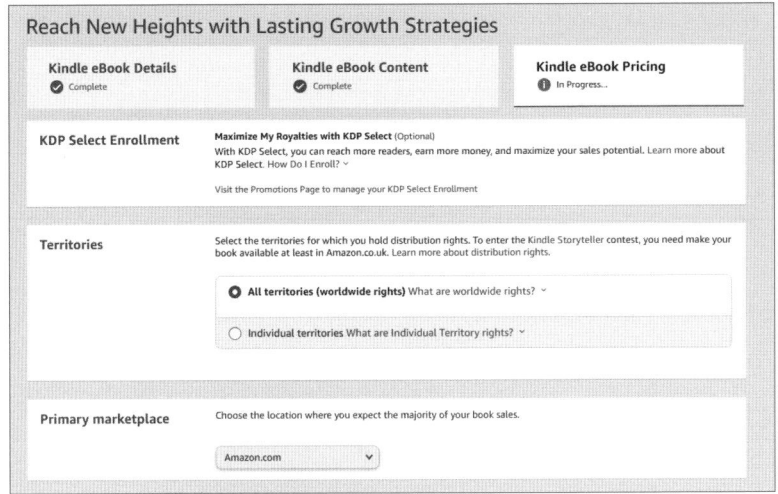

[그림 6-14] 아마존 킨들에 이펍 파일 등록하기 7

다음으로는 판매 지역과 가격을 정하면 됩니다. Territories는 이 책이 유통되는 범위를 선택하는 것인데 많은 독자들에게 노출하고 싶다면 'All territories'를 선택하면 됩니다. 최근에는 우리나라의 위상이 높아지면서 한국에 대한 외국인의 관심도 크게 증가한 만큼 한국어로 된 책을 외국에서도 확인할 수 있게 하고 싶다면 이 항목을 선택하면 됩니다. 반면 특정 지역에서만 유통되길 바란다면 아래의 Individual territories'를 선택하면 됩니다. 예를 들어 책을 영어로 썼으니 영어권 국가에서만 유통되길 원한다면 영국과 미국 등 영어를 쓰는 나라에서만 체크하면 됩니다. 현재 전 세계 245개국이 제공되니 이중에서 원하는 나라를 선택하면 됩니다.

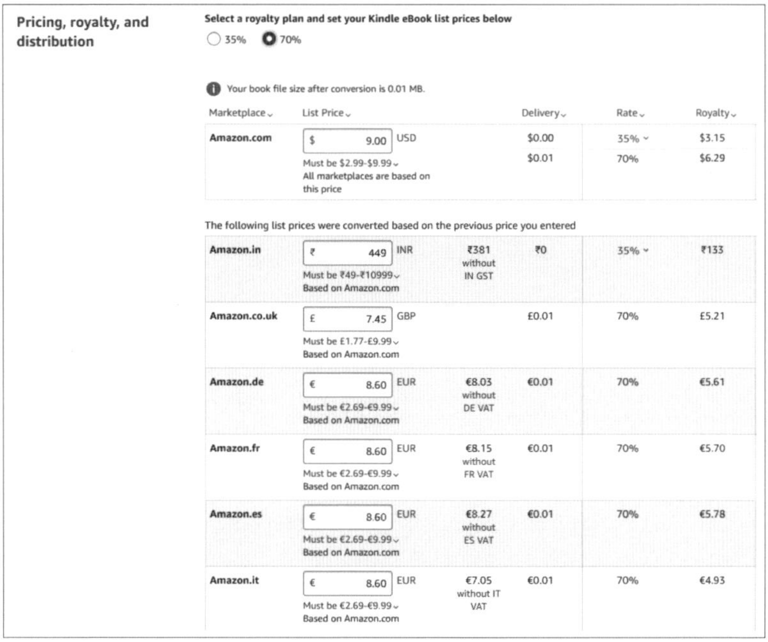

[그림 6-15] 아마존 킨들에 이펍 파일 등록하기 8

다음으로 Pricing, royalty, and distribution 항목에서 전자책에 대한 수수료 비율을 설정하고 가격을 설정하면 나라마다 환율에 따라 결정된 가격이 자동으로 저장됩니다. 저는 일단 9달러를 설정했는데 영국, 독일, 인도 등에서 다른 금액이 설정된 것을 확인할 수 있을 것입니다.

평균적으로 전자책의 가격은 종이책 정가의 70~80퍼센트 수준입니다. 1만 5000원짜리 종이책의 전자책 가격은 1만 500원~1만 2000원으로 생각하면 되니 9달러라는 가격은 2023년인 현 시점에 맞는 적절한 가격으로 보입니다. 특정 지역에만 유통하고 싶다면 해당 지역에서 유통되는 책의 평균 가격을 고려해서 합리적인 가격을 설정해주면 됩니다.

7장

챗GPT로 마케팅 계획을 짤 수 있다고?

1

챗GPT를 이용한 콘텐츠 마케팅

책을 쓰고 출판까지 했다면 이제는 마케팅을 할 차례입니다. 마케팅 전략을 세울 때 중요한 것은 바로 타깃 독자를 설정하는 것입니다. 누가 이 책을 읽을 것인지? 이 책의 어떤 내용이 어떤 사람들에게 도움이 될지? 등을 고려해야 합니다. 오랫동안 마케팅을 해온 저이지만 새로운 프로젝트를 실행할 때마다 쉽지 않습니다. 책의 마케팅 역시 그렇습니다. 이 부분을 챗GPT의 도움을 얻어 진행해보도록 하겠습니다.

 스타트업을 위한 마케팅 전략에 관한 책을 쓰고 있어. 이 책이 꼭 필요한 독자는 누구일까?

 스타트업을 위한 마케팅 전략에 관한 책은 새로운 비즈니스를 시작하는 사람들에게 매우 유용합니다. 특히 마케팅 분야에서 일한 경험이 없거나 이 분야에 대한 이해가 부족한 경우에는 이 책이 도움이 될 것입니다.

또한, 스타트업을 운영하고 있는 기업인이나 스타트업을 향한 투자를 고려하는 투자자, 기존의 비즈니스 모델을 개선하려는 기업인, 그리고 마케팅 전략을 보완하고자 하는 마케팅 전문가들에게도 이 책이 유용할 것입니다.
종합적으로, 이 책은 스타트업을 시작하거나 성장시키기 위해 마케팅 전략에 관심이 있는 모든 사람들에게 필요한 책입니다.

하지만 챗GPT가 답변해준 것을 그대로 사용하기보다는 답변을 기반으로 스스로 판단해야 합니다. 더 구체적인 핵심 타깃을 한번 더 물어보았다면 더 구체적으로 이야기해주었을 것입니다. 다음은 이들을 기반으로 채널을 설정할 차례입니다.

 이런 독자들은 주로 어떤 SNS 채널에 있을까?

 스타트업을 시작하거나 성장시키기 위해 마케팅 전략에 관심이 있는 독자들은 여러 가지 SNS 채널에서 활동할 수 있습니다.
먼저, 스타트업과 비즈니스 전략에 관심이 있는 독자들은 LinkedIn에서 다른 전문가들과 네트워킹을 하고, 산업 동향을 파악하며 최신 기술 동향을 확인할 수 있습니다.
또한, 스타트업을 시작하거나 성장시키는 독자들은 인스타그램과 페이스북 같은 시각적인 콘텐츠 중심의 SNS 채널에서 자사 제품이나 서비스를 홍보하고, 브랜딩을 강화할 수 있습니다.
끝으로, 스타트업과 마케팅 전략에 대한 정보와 지식을 얻고자 하는 독자들은 트위터와 레딧 같은 커뮤니티 중심의 SNS 채널에서 다른 전문가들과 정보를 공유하고, 최신 동향을 파악할 수 있습니다.
따라서, 이러한 독자들을 대상으로 한 마케팅 전략 책은 LinkedIn, 인스타그램, 페이스북, 트위터, 레딧 등 다양한 SNS 채널을 활용하여 홍보 및 마케팅을 전개할 수 있어야 합니다.

챗GPT가 대답을 내놓았지만 이 내용들은 제가 알고 있는 상식과는 좀 다른 내용입니다. 챗GPT는 여러 플랫폼을 추천해주었지만 이중 링크드인Linkedin과 레딧Reddit은 우리나라에서는 잘 사용하지 않는 SNS 채널이기 때문인데요. 그래서 다시 한번 물어봤습니다.

 한국의 독자를 대상으로 한다면 어떤 SNS 채널을 사용해야 할까?

 한국의 독자를 대상으로 한다면, 다음과 같은 SNS 채널을 활용하는 것이 좋을 것입니다.
1. 페이스북: 한국에서 가장 대중적인 SNS 중 하나이며, 다양한 연령층이 활동하고 있습니다. 스타트업이나 비즈니스 관련 커뮤니티를 활용하여 제품 또는 서비스를 홍보할 수 있습니다.
2. 인스타그램: 특히 제품 중심의 비즈니스인 경우, 인스타그램을 통해 제품 이미지나 라이프스타일 이미지를 공유하여 브랜드 인지도를 높일 수 있습니다. 또한, 인플루언서 마케팅이나 해시태그 활용을 통해 더욱 확장된 마케팅을 진행할 수 있습니다.
3. 네이버 블로그: 네이버 블로그는 한국에서 가장 대중적인 블로그 플랫폼입니다. 특히, 스타트업이나 개인 블로거들이 지식과 정보를 공유하기 위해 활용하는 곳이기도 합니다. 따라서, 책에 관련된 콘텐츠를 블로그를 통해 공유하면서 자사 제품이나 서비스를 홍보하는 것이 가능합니다.

4. 유튜브: 유튜브는 한국에서도 많은 사용자들이 이용하는 동영상 공유 플랫폼입니다. 제품의 기능이나 사용법, 브랜드 이야기 등을 동영상으로 제작하여 유튜브를 통해 제공할 수 있습니다.

따라서, 한국의 독자를 대상으로 한 마케팅 전략 책에서는 페이스북, 인스타그램, 네이버 블로그, 유튜브 등의 SNS 채널을 적극적으로 활용하여 마케팅 전략을 전개할 필요가 있습니다.

이제야 제대로 답을 해줍니다. 챗GPT는 저에게 페이스북과 인스타그램, 네이버 블로그, 유튜브를 추천해주었습니다. 실제로 국내 독자들이 많이 있을 만한 채널이고, 스타트업 대표나 투자자들은 특히 페이스북에 자주 접속하는데 첫 번째로 페이스북을 추천해주었다는 것이 인상적입니다.

채널을 설정하였으니 다음으로는 콘텐츠를 만들 차례입니다. 챗GPT에게 콘텐츠에 대해서 물어보면 이번에도 빠르게 대답해줍니다.

 1번에 대해서 콘텐츠를 작성하려고 하는데 어떤 유형의 콘텐츠를 작성해야 하는지, 주제는 무엇으로 해야 하는지, 구체적으로 알려줘.

 스타트업을 위한 마케팅 전략 책을 페이스북을 통해 홍보하고 마케팅 전략을 전개하기 위해, 다양한 유형의 콘텐츠를 작성할 수 있습니다. 아래는 그 예시입니다.

1. 페이스북 페이지 관리: 스타트업의 페이스북 페이지를 만들어, 일정한 주기로 페이지 내용을 업데이트하는 것이 좋습니다. 최신 뉴스나 이벤

트 정보, 제품 소개, 사용자 후기 등을 게시할 수 있습니다. 또한, 사용자와 상호작용하며 브랜드 인지도를 높이기 위해, 답글 작성, 메시지 응대 등을 지속적으로 관리해야 합니다.

2. 광고 캠페인: 페이스북 광고를 활용하여 타깃 그룹에게 광고를 노출하는 것이 가능합니다. 마케팅 전략에 따라 광고 캠페인을 진행할 수 있으며, 광고 디자인, 메시지, 대상 그룹, 지역 등을 설정할 수 있습니다.

3. 비디오 콘텐츠: 스타트업 제품이나 서비스의 기능, 사용법, 브랜드 이야기 등을 보여주는 짧은 비디오를 제작하여 페이스북 페이지나 유튜브 등에서 공유할 수 있습니다. 이를 통해, 브랜드 인지도를 높이고 제품에 대한 이해도를 높일 수 있습니다.

4. 이벤트 기획: 스타트업 제품이나 서비스를 홍보하기 위한 오프라인/온라인 이벤트를 기획할 수 있습니다. 이벤트 참여자들에게는 제품 샘플, 할인 쿠폰 등의 혜택을 제공하며, 이를 통해 제품 구매를 유도할 수 있습니다. 이벤트 관련 포스팅을 페이스북 페이지에 업로드하여 홍보할 수 있습니다.

5. 고객 후기: 스타트업 제품을 사용한 고객의 후기를 공유하는 것이 좋습니다. 제품 사용 후기나 만족도 조사 결과 등을 게시하여, 제품에 대한 신뢰도를 높이고 구매 의사를 유도할 수 있습니다.

6. 산업 동향 및 인포그래픽: 스타트업이 해당하는 산업의 동향을 파악하고, 산업에 관련된 인포그래픽을 제공하는 것도 좋은 콘텐츠입니다. 이를 통해 독자들은 제품 또는 서비스가 산업에서 차지하는 위치를 이해하고, 기존의 제품과 어떻게 차별화되는지 알 수 있습니다.

7. 콘테스트: 스타트업 제품을 이용한 창작물을 공모하거나, 다양한 이벤트를 통해 사용자들과 상호작용을 하는 것도 좋은 방법입니다. 이를 통해 사용자들의 참여도를 높이고, 브랜드 인지도를 높일 수 있습니다.

8. **인플루언서 마케팅**: 페이스북 인플루언서들과 협력하여, 제품 또는 서비스를 소개하는 콘텐츠를 제작하는 것도 좋은 방법입니다. 인플루언서들의 팔로워들이 제품 또는 서비스를 홍보하고 사용하는 모습을 보며, 브랜드 인지도를 높이고 제품에 대한 신뢰도를 높일 수 있습니다. 이처럼 스타트업을 위한 마케팅 전략 책을 페이스북에서 홍보하기 위해 다양한 유형의 콘텐츠를 작성할 수 있습니다. 이를 통해 브랜드 인지도를 높이고, 제품에 대한 이해도를 높여 사용자들의 구매 의사를 유도할 수 있습니다.

페이스북 페이지에 대해서 콘텐츠 전략에 대해서 알려 달라고 하니 매우 구체적으로 작성을 해줍니다. 아직까지 페이스북은 광고 마케팅 현장에서 그 중요성을 인정받는 매체입니다. 실제로 페이스북 페이지 관리를 잘 하지는 못하더라도 브랜드 이미지와 광고를 위해 페이지를 개설한 회사가 많다는 점을 고려하면 페이스북 광고 캠페인 추천은 매우 적절하다고 할 수 있습니다. 그리고 비디오 콘텐츠를 추천해주었다는 것도 요즘 트렌드에 맞는 제안이라는 점에서 활용할 만한 요소입니다. 특히 최근에는 유튜브의 숏츠나 인스타그램의 릴스 같은 숏폼 콘텐츠가 인기 있는데 스타트업 제품이나 서비스의 기능, 사용법, 브랜드 이야기를 보여주는 짧은 비디오를 제작하라는 제안은 심도 있게 고려할 만한 제안입니다. 저는 챗GPT의 답변에 만족했고 챗GPT가 내놓은 답변을 표로 정리해서 한눈에 보고 싶었습니다.

전체적으로 표로 작성해줘.

 아래는 스타트업을 위한 마케팅 전략 책을 페이스북에서 홍보하기 위해 다양한 유형의 콘텐츠를 작성한 것을 표로 정리한 것입니다.

콘텐츠 유형	내용
페이스북 페이지 관리	최신 뉴스나 이벤트 정보, 제품 소개, 사용자 후기 등을 게시
광고 캠페인	광고 디자인, 메시지, 대상 그룹, 지역 등을 설정
비디오 콘텐츠	제품의 기능, 사용법, 브랜드 이야기 등을 짧은 비디오로 제작
이벤트 기획	제품 샘플, 할인 쿠폰 등의 혜택을 제공하는 오프라인/온라인 이벤트
고객 후기	제품 사용 후기나 만족도 조사 결과 등을 게시
산업 동향 및 인포그래픽	산업에 관련된 인포그래픽 제공
컨테스트	창작물 공모 또는 다양한 이벤트
인플루언서 마케팅	인플루언서와 협력하여 제품 또는 서비스를 소개하는 콘텐츠 제작

위와 같은 다양한 콘텐츠를 활용하여 스타트업을 위한 마케팅 전략 책을 페이스북에서 효과적으로 홍보할 수 있습니다. 이를 통해 브랜드 인지도를 높이고, 제품에 대한 이해도를 높여 사용자들의 구매 의사를 유도할 수 있습니다.

앞의 답변을 보기 좋게 표로 만들어주었습니다. 보기에도 깔끔하고 한눈에 모든 정보를 확인할 수 있도록 깔끔히 정리되었습니다. 텍스트보다 표로 정리한 것이 가독성이 높다는 것을 생각하면 챗GPT는 상당히 유용하다는 것을 알 수 있습니다. 챗GPT가 추천해준 콘텐츠 중에서 비디오 콘텐츠를 한번 기획해보도록 하겠습니다. 하지만 아이디어가 떠오르지 않습니다. 이에 대해서도 물어보았습니다.

 비디오 콘텐츠에 대해서 10개의 주제를 제시해줘.

 스타트업을 위한 마케팅 전략 책에서 활용할 수 있는 비디오 콘텐츠의 주제로는 다음과 같은 것들이 있을 수 있습니다.

1. 제품 소개: 제품의 기능과 특징을 자세히 설명하는 비디오를 제작합니다.
2. 브랜드 이야기: 스타트업 브랜드의 역사와 미래 비전을 다루는 비디오를 제작합니다.
3. 제품 사용법: 제품의 사용 방법과 조작법을 자세히 설명하는 비디오를 제작합니다.
4. 커뮤니티 활동: 스타트업의 커뮤니티 활동을 소개하는 비디오를 제작합니다.
5. 산업 동향: 해당 산업의 동향과 스타트업의 역할에 대해 다루는 비디오를 제작합니다.
6. 브랜드 인지도 증진: 스타트업 브랜드의 인지도를 높이기 위한 비디오를 제작합니다.
7. 제품 비교: 기존 제품과의 차이점을 비교하는 비디오를 제작합니다.

8. 브랜드 스토리: 제품 또는 브랜드와 관련된 스토리를 다루는 비디오를 제작합니다.

9. 이벤트 홍보: 스타트업이 진행하는 이벤트의 홍보를 위한 비디오를 제작합니다.

10. 고객 후기: 제품을 사용한 고객의 후기와 만족도 조사 결과를 다루는 비디오를 제작합니다.

위와 같은 다양한 주제로 비디오 콘텐츠를 제작하여, 스타트업의 브랜드 인지도를 높이고 제품에 대한 이해도를 높여 사용자들의 구매 의사를 유도할 수 있습니다.

챗GPT가 답변해주긴 했는데 제가 원하던 내용은 아니었습니다. 이럴 때는 좀 더 구체적인 역할이나 예시를 들어주면 정확하고 좋은 답변을 해줍니다.

너는 굉장히 유능한 마케터야. 네가 주로 하는 일은 영상 제작을 통해 바이럴이 될 수 있는 콘텐츠를 기획하고 제작하고 발행하는 거야. 나는 지금 "스타트업을 위한 마케팅 전략"이라는 책을 냈고, 이 책을 마케팅을 해야 하는 상황에서 네게 의뢰할게. 이 책의 독자는 스타트업 대표나 투자자, 마케팅 전문가들이야. 페이스북을 통해서 콘텐츠를 발행할 건데 이들에게 잘 퍼져나갈 수 있는 영상 콘텐츠 주제 10개를 기획해줘.

감사합니다! 스타트업을 위한 마케팅 전략 책 출간을 축하드립니다. 다음은 스타트업 대표, 투자자, 마케팅 전문가들이 관심있어 할 만한 영상 콘텐츠 주제 10개입니다.

1. 성장하는 스타트업의 비밀 - 성장하는 스타트업들이 적용하는 비즈니스 전략 및 마케팅 전략을 살펴본다.
2. 인플루언서 마케팅의 효과 - 인플루언서 마케팅이 스타트업에 미치는 영향을 분석한다.
3. 디지털 마케팅 트렌드 - 최신 디지털 마케팅 트렌드와 그에 따른 전략을 소개한다.
4. 창업자 인터뷰 - 성공한 창업자들의 인터뷰를 통해 창업 경험과 노하우를 공유한다.
5. 콘텐츠 마케팅의 필수 아이템 - 콘텐츠 마케팅에서 성공하기 위한 필수 아이템을 소개한다.
6. 소셜 미디어 마케팅의 역할 - 소셜 미디어 마케팅이 스타트업에 미치는 영향을 분석한다.
7. 맞춤형 마케팅 - 고객의 니즈에 맞춘 맞춤형 마케팅 전략을 소개한다.
8. 새로운 시장 개척하기 - 새로운 시장을 개척하는 방법과 전략을 알아본다.
9. 비디오 마케팅의 효과 - 비디오 마케팅이 스타트업에 미치는 영향을 분석한다.
10. 유튜브 마케팅 - 유튜브를 활용한 마케팅 전략과 그에 따른 성공 사례를 살펴본다.

위 주제들은 스타트업 대표, 투자자, 마케팅 전문가들이 관심을 가질 만한 주제들입니다. 이를 참고하여 페이스북을 통해 적극적인 마케팅을 하시기 바랍니다.

챗GPT의 프롬프트에 위의 질문을 넣었더니 그전에 답변해준 것보다 더 나은 결과물을 보여줍니다. 제가 이 책을 출간했을 때 첫 번째 마케

팅 활동으로 창업자 인터뷰를 기획했었는데 챗GPT도 같은 제안을 해 줬습니다. 이제 챗GPT가 추천해준 기획에 따라 하나씩 콘텐츠를 기획해 나가면 됩니다. 제안해준 10가지 기획 모두 마케팅 전문가 입장에 보았을 때 훌륭한 주제입니다. 인플루언서 마케팅은 가장 활발하게 하고 있는 마케팅 서비스인 만큼 좋은 제안이고, 디지털 마케팅 트렌드나 콘텐츠 마케팅, 소셜미디어 마케팅의 역할, 맞춤형 마케팅 등 나머지도 흥미로운 주제들입니다. 제가 마케팅을 할 때 가장 빠르게 결과를 낼 수 있으면서도 쉽게 접근할 수 있고 반응이 가장 좋은 마케팅 방법이 인터뷰였기 때문에 인터뷰로 진행해보겠습니다.

4번에 대해서 영상 콘텐츠를 기획해줘.

물론입니다. "창업자 인터뷰"를 주제로 한 영상 콘텐츠를 기획해보겠습니다.

1. 타이틀: Successful Startup Stories - 창업자 인터뷰
2. 소개: 이번 영상에서는 성공한 창업자들의 인터뷰를 통해 창업 경험과 노하우를 공유합니다.
3. 콘셉트: 여러분이 알고 있는 성공한 스타트업 CEO들의 이야기와 달리, 이번 영상에서는 비교적 알려지지 않았지만 성공한 창업자들의 이야기를 들어보는 시간을 가져봅니다. 각 창업자들은 스타트업을 시작하게 된 계기, 어려움과 극복 방법, 그리고 성공까지의 과정을 공유합니다. 이를 통해, 스타트업을 준비하는 분들에게는 참고할 만한 경험담을 전달하고, 스타트업을 이미 운영 중인 분들에게는 자극을 줄 수 있는 내용을 제공합니다.

4. 콘텐츠:
   - 영상 속에는 3명의 창업자 인터뷰가 포함됩니다.
   - 인터뷰의 첫 부분에서는 각 창업자들이 스타트업을 시작하게 된 계기와 아이디어에 대해 소개합니다.
   - 다음으로, 인터뷰는 각 창업자들에게 어려움과 극복 방법, 성공하기까지의 과정을 질문합니다.
   - 마지막으로, 인터뷰어는 각 창업자들에게 창업 경험을 바탕으로 스타트업을 준비하거나 이미 운영 중인 분들에게 조언하는 내용을 요약하게 요청합니다.
5. 마무리: 스타트업을 꿈꾸는 분들이나 이미 운영 중인 분들에게 이 영상이 유익한 정보와 자극을 제공할 수 있기를 바랍니다.
6. 적합한 SNS 플랫폼: 유튜브나 페이스북과 같은 소셜 미디어 플랫폼에서 적합한 시간과 방법으로 영상을 발행할 수 있습니다.

챗GPT는 요청에 충실히 응하며 타이틀과 소개, 콘셉트, 콘텐츠, 마무리, 발행 채널까지 알려줍니다. 인터뷰이니 질문이 있어야 하는데 어떤 질문을 던져야 할지 고민이 됩니다. 챗GPT에게 인터뷰 때 던질 만한 질문을 알려달라고 요청했습니다.

 이 영상에서 창업자에게 던질 질문 5가지만 알려줘.

 물론입니다. 아래는 창업자에게 던질 수 있는 다섯 가지 질문입니다.
1. 스타트업을 시작하게 된 계기와 그에 따른 아이디어는 무엇인가요?
2. 스타트업을 운영하면서 가장 어려웠던 점은 무엇이었나요? 어떻게 극

복했나요?

3. 스타트업을 성공적으로 운영하기 위해 가장 중요하다고 생각하는 요인은 무엇인가요?
4. 스타트업을 운영하면서 배운 교훈이 있다면 무엇인가요?
5. 스타트업을 준비하거나 이미 운영 중인 분들에게 조언하고 싶은 내용이 있다면 무엇인가요?

 책 주제와 관련된 질문으로 바꿔줘.

 네, 물론입니다. 아래는 "스타트업을 위한 마케팅 전략" 책과 관련된 다섯 가지 질문입니다.

1. 스타트업에서 마케팅 전략을 수립하고 실행할 때 가장 중요한 것은 무엇인가요?
2. 스타트업의 마케팅 전략에서 브랜딩의 역할은 무엇인가요?
3. 스타트업의 타깃 시장을 파악하는 방법과 중요성에 대해 설명해주세요.
4. 스타트업에서 인플루언서 마케팅이 효과적인 이유는 무엇인가요?
5. 스타트업에서 소셜 미디어를 활용한 마케팅 전략이 성공할 수 있는 이유는 무엇인가요?

처음 챗GPT가 알려준 질문들은 일반적인 인터뷰 상황에서는 유용할지 모르지만 책 주제와는 관련이 멀었습니다. 그래서 책 주제와 관련된 질문을 알려 달라고 요청하자 그제서야 제대로 된 질문을 알려주었습니다. 이렇게 챗GPT를 활용할 때는 무엇보다 정확하고 좋은 질문을 던져야 쓸모 있는 답변을 내놓는다는 점을 잊지 말아야 합니다.

2

소셜 미디어 활용

콘텐츠를 만들었다면 SNS에 적극적으로 홍보하는 것이 필요합니다. 디지털 시대를 맞아 현재의 출판 마케팅은 디지털 마케팅이 결정한다고 해도 과언이 아닙니다. 예전에는 오프라인 서점의 신간 매대 주변에 독자들이 가장 많이 모여 있었습니다. 서점에서 이번 주 신간은 무엇인지 보고 구매하는 독자들이 많았기 때문입니다. 그러나 이제 그런 모습은 찾아보기 어렵습니다. 오늘날의 독자들은 디지털 세상에서 책의 정보를 얻기 때문입니다. 독자는 책 정보를 직접 검색하거나 광고 또는 SNS의 피드에 올라온 지인의 콘텐츠를 보고 얻습니다. 문제는 이러한 독자의 검색을 유도하는 검색 마케팅은 타깃 독자가 직접 검색하기까지 기다려야 하는 수동적인 마케팅이라는 점입니다. 이러한 마케팅보다는 독자에게 적극적으로 책에 대해 알려주는 SNS 마케팅이 필요합니다. 실제로도 출판사들은 많은 비용이 드는 광고보다 SNS 마케팅을 하고 있는 만큼 좋은 사례입니다. 타깃 고객이 있는 곳에 고객이 좋아할 만한 내용을 보여줘야 합니다.

NFT와 WEB3라는 제목의 책을 판매하려고 하는데 핵심 타깃 고객은 누구일까?

 "NFT와 WEB3"라는 책은 블록체인 기술과 이에 대한 새로운 경제 생태계를 다루고 있으므로, 핵심 타깃 고객은 블록체인 기술 및 가상자산에 관심이 있는 사람들일 것입니다.

구체적으로는, 블록체인과 가상자산을 다루는 기업의 CEO나 CTO, 블록체인 개발자, 가상자산 거래소나 유저들, 암호화폐 커뮤니티 멤버, 미디어 업계 종사자, 학생 등이 이 책의 타깃고객으로 보입니다.

또한, 최근 블록체인과 가상자산에 대한 관심이 증가하고 있는 만큼, 이 분야에 대한 이해도를 높이고자 하는 비전문가들도 이 책을 구매할 수 있을 것입니다.

일단은 핵심 타깃 고객이 누구일지 스스로 생각해보고 챗GPT에게 물어봐서 나의 생각과 일치하는지를 살펴보면 도움이 될 수 있습니다. 챗GPT는 내가 생각하지 못했던 것을 더 이야기해줄 수 있을 것이기 때문입니다. 위의 대화 내용을 보면 NFT와 WEB3라는 주제는 블록체인에 관심이 있는 사람으로 정의할 수 있을 것 같습니다. 그럼 이 사람들이 어디에 주로 있는지를 살펴볼 차례입니다.

 이들이 주로 있는 채널은 어디일까?

 핵심 타깃 고객들이 주로 참여하는 채널은 다양합니다.
먼저, 블록체인 및 가상자산 커뮤니티와 포럼은 해당 분야에 대한 정보를 공유하고, 토론하는 곳으로, 이들이 참여하는 곳에서 이 책의 홍보를 진행할 수 있습니다.

또한, 소셜 미디어 플랫폼인 트위터나 링크드인, 레딧, 디스코드 등에서 블록체인과 가상자산에 관련된 그룹이나 페이지를 운영하는 사용자들이 많으므로, 이 곳에서도 책의 홍보를 할 수 있습니다.

또한, 블록체인과 가상자산에 대한 컨퍼런스나 밋업, 웨비나 등에서 이 책을 홍보하고, 관련 산업계의 이벤트에 참여하는 방식도 효과적일 것입니다.

마지막으로, 전통적인 서점이나 온라인 서점에서 이 책을 구매할 수 있도록 하여, 블록체인 및 가상자산 분야에 대한 이해를 넓히고자 하는 사람들이 접근할 수 있도록 해야합니다.

핵심 타깃 고객이 주로 있는 채널에 대해서 챗GPT는 이번에도 트위터나 링크드인, 레딧, 디스코드를 추천해 주었지만, 링크드인이나 레딧은 국내에서는 잘 사용되지 않는 채널입니다. 챗GPT는 미국의 독자를 기준으로 답을 해준 것 같아서 다시 한번 물어보았습니다.

 한국의 경우는 어디에 있을까?

 한국에서도 블록체인과 가상자산에 대한 관심이 높아지면서, 해당 분야에 관심이 있는 사람들이 많아졌습니다. 따라서, 한국에서 이 책을 홍보하고 판매하기 위해서는 다음과 같은 채널을 고려할 수 있습니다.

첫째로, 블록체인 및 가상자산 커뮤니티와 포럼이 있습니다. 한국에서는 블록체인 포럼, 블록체인 이노베이션, 블록체인 협회 등 다양한 블록체인 커뮤니티가 있으며, 이곳에서 책의 홍보를 할 수 있습니다.

둘째로, 한국의 소셜 미디어 플랫폼인 트위터, 링크드인, 인스타그램, 유튜브 등에서도 블록체인과 가상자산에 대한 정보를 공유하는 그룹이나 페이지가 있으므로, 이를 통해 책의 홍보를 할 수 있습니다.

셋째로, 한국에서는 블록체인과 가상자산에 대한 학술 및 비즈니스 컨퍼런스와 밋업이 자주 개최됩니다. 이러한 행사에서 책의 홍보를 하고 관련 산업계의 이벤트에 참여하여 책을 알리는 것도 효과적일 것입니다.

마지막으로, 전통적인 서점이나 온라인 서점에서도 이 책을 구매할 수 있도록 하여, 한국 내에 블록체인 및 가상자산 분야에 대한 이해를 넓히고자 하는 사람들이 접근할 수 있도록 해야합니다.

다시 묻자 마치 한국에 있는 것 같은 채널들을 이야기해주긴 하지만 소셜 미디어 플랫폼이라고 알려준 대답을 살펴보니 역시 여기에도 링크드인이 포함되어 있습니다. 한국에서는 잘 사용하지 않는 플랫폼을 추천해준 것을 보면 어느 정도 환각이 일어날 수 있다는 것을 고려해서 팩트체크는 꼭 해야 합니다.

챗GPT의 이러한 한계에도 불구하고 마케팅 쪽에서는 꽤 활용할 여지가 많이 있습니다. 정보의 정확성이 중요하다면 챗GPT를 무조건 신뢰하기 어렵지만 추측이나 추론이 중요한 것이라면 챗GPT가 더 도움이 될 수 있습니다. 마케팅은 창작의 영역도 있기 때문에 이런 부분에서는 챗GPT가 매우 유용하게 사용될 수 있습니다.

핵심 타깃 고객에 대한 페르소나 작업도 가능합니다. 핵심 타깃 고객이 어떤 모습을 하고 있고, 어떤 성향을 가지고 있는지에 대한 마케팅 페르소나 작업을 챗GPT에게 시켜 보았습니다. 이 때 사용한 프롬프트는 아래와 같습니다.

 페르소나 제작에 대한 모든 것을 알고 있는 전문 '마케터'로 활동해줘.
- 인구통계학적 정보: 연령, 성별, 소득, 교육 수준, 위치 등
- 심리학적 정보: 가치관, 관심사, 라이프스타일, 성격 특성 등
- 목표: 페르소나에게 동기를 부여하는 요소와 제품 또는 서비스를 통해 달성하고자 하는 목표
- 불만 사항: 페르소나가 직면한 문제와 장애물로서 제품이나 서비스가 해결에 도움을 줄 수 있는 사항
- 커뮤니케이션 선호도: 페르소나가 정보를 수신하고 브랜드와 소통하는 방식
- 구매 습관: 페르소나가 구매 결정을 내리는 방식 (의사 결정 과정 및 영향력 포함)
- 브랜드 태도: 페르소나가 브랜드와 경쟁업체를 어떻게 인식하는지에 대한 정보.

[제품 정보]

- 제품 이름: NFT와 WEB3에 대한 도서
- 타깃 세그먼트: 블록체인에 관심이 있는 사람
- 가치 제안: 앞으로 어떤 미래가 올 것인가에 대한 답변

프롬프트는 역할과 예시 그리고 프로세스를 제시해줄수록 더 자세한

답변을 해줍니다. 이를 토대로 챗GPT에게 질문을 해보았습니다.

 책 "NFT와 WEB3"의 타깃 페르소나는 다음과 같습니다.

인구통계학적 정보:
- 연령: 25-45세
- 성별: 남녀 모두
- 소득: 중간 이상의 소득층
- 교육 수준: 대학 이상
- 위치: 대도시 주거지역

심리학적 정보:
- 가치관: 혁신, 창의성, 미래 지향적, 새로운 기술에 대한 열정
- 관심사: 블록체인, 가상자산, 경제, 기술, 투자
- 라이프스타일: 바쁜 일상에서 자신이 관심을 가지는 분야에 대한 지식을 쌓는 데 시간을 할애하는 현대인
- 성격 특성: 적극적, 탐구적, 개방적, 독립적

목표:
- 새로운 미래 지향적 기술인 블록체인과 가상자산에 대한 이해도를 높이기 위해 책을 구매하고, 새로운 기회와 가능성을 찾고자 함

불만 사항:
- 블록체인과 가상자산에 대한 지식 부족으로 인한 불확실성과 위험 요소에 대한 우려

커뮤니케이션 선호도:
- 소셜 미디어를 통한 정보 수집 및 공유
- 블록체인 커뮤니티에서의 토론과 지식 공유

구매 습관:
- 블록체인 및 가상자산에 대한 정보를 지속적으로 수집하고, 구매 결정에 앞서 자세히 조사하는 경향이 있음

브랜드 태도:
- 블록체인과 가상자산 분야에서 새로운 기회를 찾고자 하는 미래 지향적인 인식
- 새로운 기술과 새로운 가능성을 추구하는 태도

제품 가시 제안:
- 블록체인과 가상자산에 대한 지식과 이해를 높일 수 있는 책
- 새로운 미래 지향적인 기술과 경제 생태계를 이해하는 데 도움을 줌
- 앞으로 어떤 미래가 올 것인가에 대한 답변을 제공함으로써, 타깃 페르소나의 궁금증을 해소하고 자신의 관심에 대한 분야에 대한 전문성을 높이는 데 도움을 줌
- 블록체인과 가상자산 분야에서의 새로운 기회와 가능성을 찾을 수 있도록 안내함

따라서, 이 타깃 페르소나를 위한 마케팅 전략은 다음과 같이 수립할 수 있습니다.
- 소셜 미디어 채널에서 타깃 페르소나가 선호하는 정보를 제공하고 책

의 내용을 소개함
- 블록체인 커뮤니티에서 책을 홍보하고, 토론과 지식 공유를 촉진함
- 블록체인 및 가상자산 관련 이벤트에서 책을 판매하고 홍보함
- 전통적인 서점이나 온라인 서점에서 책을 구매할 수 있도록 함
- 블록체인 및 가상자산 관련 미디어를 활용하여 책을 홍보하고 블록체인 분야에 대한 궁금증을 해소하는 콘텐츠를 제공함.

페르소나에 대해서 매우 구체적인 답변을 해주는 것을 볼 수 있지만 가독성이 떨어지기에 표로 만들어 달라고 요청을 해보았습니다.

 위의 내용을 표로 만들어줘.

 아래는 "NFT와 WEB3"에 대한 타깃 페르소나 및 마케팅 전략을 요약한 표입니다.

	정보	내용
인구통계학적 정보	연령	25~45세
	성별	남녀 모두
	소득	중간 이상의 소득층
	교육 수준	대학 이상
	위치	대도시 주거지역
심리학적 정보	가치관	혁신, 창의성, 미래 지향적, 새로운 기술에 대한 열정
	관심사	블록체인, 가상자산, 경제, 기술, 투자

심리학적 정보	라이프 스타일	바쁜 일상에서 자신이 관심을 가지는 분야에 대한 지식을 쌓는 데 시간을 할애하는 현대인
	성격 특성	적극적, 탐구적, 개방적, 독립적
불만 사항		블록체인과 가상자산에 대한 지식 부족으로 인한 불확실성과 위험 요소에 대한 우려
커뮤니케이션 선호도		소셜 미디어를 통한 정보 수신 및 블록체인 커뮤니티에서의 지식 공유
구매 습관		블록체인 및 가상 자산에 대한 정보를 지속적으로 수집하고, 구매 결정에 앞서 자세히 조사하는 경향이 있음

깔끔하고 보기 쉽게 표로 만들어진 것을 확인할 수 있습니다. 이 내용을 토대로 정리해보면 타깃 고객은 주로 트위터나 유튜브에 있고, 블록체인과 가상자산에 대한 지식 부족으로 불확실성과 위험요소에 대한 우려가 있다는 것을 알게 되었습니다. 이를 토대로 트위터와 유튜브에 적합한 콘텐츠를 만들면 좀 더 효과가 있을 것 같습니다. 이를 어떻게 활용해야 하는지도 물어보았습니다.

 트위터와 유튜브를 메인 채널로 마케팅을 진행하려고 하는데 어떤 전략을 활용하면 좋을까?

 트위터와 유튜브는 블록체인과 가상자산 분야에서 매우 인기 있는 채널이므로, 이 채널을 활용하여 "NFT와 WEB3" 책에 대한 마케팅을 진행하는 것은 좋은 전략입니다.

트위터에서는 타깃 페르소나가 소셜 미디어를 통해 정보를 수신하고 브랜드와 소통하는 선호도가 높기 때문에, "NFT와 WEB3" 책에 대한 관심을 끌고, 책을 홍보하는 데 유용한 전략은 다음과 같습니다.

1. 해시태그 활용: 블록체인과 가상자산 관련 해시태그를 활용하여 타깃 페르소나가 소셜 미디어에서 쉽게 책에 대한 정보를 찾을 수 있도록 함.
2. 인플루언서 마케팅: 블록체인 및 가상자산 분야의 인플루언서를 활용하여 책을 홍보하고, 트위터에서 책과 관련된 토론과 논의를 촉진함.
3. 뉴스 저작권을 활용한 마케팅: 블록체인 및 가상자산 분야에서 뉴스를 작성하고 저작권을 보유하고 있는 미디어를 활용하여 책에 대한 정보를 전달함.

유튜브에서는 타깃 페르소나가 블록체인 및 가상자산 분야에 대한 정보를 수집하고, 전문성을 높이는 데 유용한 선호도가 높기 때문에, "NFT와 WEB3" 책을 소개하고, 책의 가치를 강조하는 데 유용한 전략은 다음과 같습니다.

1. 책 리뷰 동영상 제작: 유튜버들에게 책을 제공하여 책 리뷰 동영상을 제작하도록 유도하고, 책의 내용과 가치를 강조함.
2. 작가 인터뷰 동영상 제작: 작가와의 인터뷰를 통해 작가의 생각과 책에 담긴 내용을 자세히 설명함.
3. 가상 이벤트 활용: 블록체인 및 가상자산 관련 이벤트에서 책을 홍보하고, 책의 내용과 관련된 토론과 논의를 유튜브에서 진행함.

생각보다 구체적인 마케팅 전략이 나왔습니다. 답변들 대부분이 트위터와 유튜브에 적합한 마케팅 방법인데, 두 플랫폼에 대해 자세히 알고 있지 않으면 나오기 어려운 답변이 많았습니다. 이렇게 제시해준 항목을 하나씩 좀 더 파고들어 질문하면 더 구체적인 답변이 나오게 됩니다. 좀 더 분석적이고 전문적인 정보를 얻고 싶다면 아래와 같은 프롬프트를 제안합니다.

마케팅 전문가로 활동하고 싶어. 모든 관련 플랫폼에서 캠페인을 개발 및 실행하고, 질문과 댓글에 응답하여 청중과 소통하고, 커뮤니티 관리 도구를 통해 대화를 모니터링하고, 분석을 사용하여 성공 여부를 측정하고, 매력적인 콘텐츠를 만들고, 정기적으로 업데이트할 책임이 있어. 아래에 주어진 정보를 참고해서, 제품이나 서비스를 홍보하기 위한 마케팅 캠페인을 만들어줘.
[요청사항]
NFT와 WEB3에 대한 도서
- 제품/서비스명: NFT와 WEB3
- 카테고리: 블록체인
- 타깃 고객: 블록체인 관심자
[마케팅 캠페인]
1. 핵심 메시지 및 슬로건 개발
2. philip kotler의 5a 퍼널 구조 (Aware, Appeal, Ask, Act, Advocate)에 따른 고객행동, 채널, 메시지, kpi를 표로 만들어 제공
3. Dave McClure의 AARRR (Acquisition, Activation, Retention, Revenue, Referral)에 따른 퍼널구조 표로 작성

이 프롬프트 또한 역할과 예시를 제시해주었습니다. 또한 실제 업무에서 많이 사용되는 프레임워크도 넣었습니다. 다른 답변을 듣고 싶다면 [요청사항]에서 제품과 서비스명, 카테고리, 타깃 고객을 바꾸면 됩니다.

[마케팅 캠페인]

1. 핵심 메시지 및 슬로건 개발

    NFT와 WEB3을 이해하는 데 필요한 필수 가이드북

    블록체인 분야에서 NFT와 WEB3의 역할과 가능성을 알아보세요.

    NFT와 WEB3로 새로운 디지털 경제 시대를 이끌어보세요.

2. philip kotler의 5a 퍼널 구조 (Aware, Appeal, Ask, Act, Advocate)에 따른 고객행동, 채널, 메시지, kpi를 표로 만들어 제공

단계	고객행동	채널	메시지	KPI
Aware	블록체인 관심자	소셜 미디어, 블로그, 포럼 등	"NFT와 WEB3로 더 큰 세상을 만나보세요!"	Impressions, Click through Rate
Appeal	NFT와 WEB3에 대한 호기심	블로그, 포럼, 이메일, 소셜 미디어	"NFT와 WEB3으로 무엇을 할 수 있을까요?"	Website Traffic, Time on Site
Ask	NFT와 WEB3에 대한 궁금증 해결	이메일, 소셜 미디어, 포럼	"이해하기 쉬운 NFT와 WEB3 가이드북"	From Fills, Newsletter Subscriptions
Act	NFT와 WEB3 도서 구매	웹하이트, 이메일, 소셜 미디어	"NFT와 WEB3으로 선물하기 좋은 도서 추천"	Sales, conversion Rate

Advocate	만족한 고객들이 도서를 추천	소셜 미디어, 이메일, 리뷰 사이트	"NFT와 WEB3으로 더 나은 미래를 만들어보세요"	Referrals, Reviews, Testimonials

3. Dave McClure의 AARRR (Acquisition, Activation, Retention, Revenue, Referral)에 따른 퍼널구조 표로 작성

	고객행동	채널	메시지	KPI
Acquisition	도서에 대한 관심	블로그, 포럼, 소셜 미디어	"NFT와 WEB3에 대해 궁금하신가요?"	Website Traffic, Impressions
Activation	도서 구매	웹사이트, 이메일, 소셜 미디어	"NFT와 WEB3을 이해하는 데 필요한 필수 가이드북"	Sales, Conversion Rate
Retention	독자 만족도 유지	이메일, 소셜 미디어, 리뷰 사이트	"NFT와 WEB3 도서를 통해 블록체인을 더 재미있게 알아보세요"	Repeat Customers, Reviews, Testimonials

Reve-nue	부가가치 제공	이메일, 소셜 미디어	"NFT와 WEB3으로 디지털 경제 시대를 이끌어 보세요"	Up-sells, Cross-sells, Referrals
Referral	도서 추천	소셜 미디어, 이메일, 리뷰 사이트	"NFT와 WEB3 도서로 더 나은 미래를 만들어보세요"	Referrals, Reviews, Testimonials

답변도 역시 프레임워크에 따라서 잘 답변해주었습니다. 물론 이대로 그냥 사용하면 안 되고 여기에 자신의 생각을 추가해 사용해야 합니다.

3

마케팅 반자동화

지금까지 콘텐츠 마케팅 전략을 세우고 콘텐츠를 소셜 미디어를 활용해 홍보하는 방법을 알아보았습니다. 이제 실행으로 옮기면 되는데 이 과정의 일부를 반자동화시키면 좀 더 효율적으로 작업을 할 수 있습니다. 다만 이 작업은 GPT API라는 프로그램을 사용해야 하며 추가 비용이 발생합니다. GPT API는 챗GPT와 OpenAI 홈페이지나 챗GPT 앱이 아닌 다른 사이트에서 사용할 수 있게 만들어주는데, 여기서는 먼저 챗GPT에 API에 대한 개념을 물어본 뒤 구글 스프레드시트를 통해 반자동화를 하는 방법을 알아보겠습니다.

 API에 대해서 설명해줘.

 API는 Application Programming Interface의 약어로, 응용 프로그램들이 서로 상호작용할 수 있도록 하는 인터페이스입니다. API는 웹사이트, 모바일 앱, 클라우드 서비스 등에서 사용될 수 있으며, 다양한 데이터를 공유하고 서로 통신하며 기능을 확장할 수 있도록 도와줍니다.

API는 일반적으로 HTTP 요청을 통해 다른 애플리케이션에 데이터를 전달하거나 데이터를 가져올 수 있습니다. 예를 들어, 기상 정보를 제공하는 서비스의 API를 사용하면 다른 애플리케이션에서 해당 기상 정보를 가져와서 사용할 수 있습니다.

API는 일반적으로 RESTful API, SOAP API, GraphQL API 등의 유형으로 구분됩니다. RESTful API는 HTTP 요청을 통해 자원을 관리하는 방식으로 동작하며, SOAP API는 XML 기반의 프로토콜을 사용하여 데이터를 교환합니다. GraphQL API는 클라이언트에서 필요한 데이터만 요청할 수 있도록 하는 쿼리 언어를 제공합니다.

API는 다른 서비스들과의 연결성을 제공하고, 다른 애플리케이션과의 상호작용을 쉽게 만들어주기 때문에 개발자들이 다양한 애플리케이션을 더 쉽고 효율적으로 개발할 수 있도록 돕습니다.

챗GPT가 내놓은 대답이긴 하지만 비전문가 입장에서는 무슨 말인지 전혀 모르겠네요. 전문용어가 많이 나와서 이해하기가 어렵습니다. 그래서 이럴 때는 쉽게 설명해 달라고 요청하면 됩니다.

일반인이 알아 들을 수 있도록 한 문단으로 요약해줘.

API는 서로 다른 애플리케이션들이 소통하고 데이터를 주고받을 수 있도록 도와주는 인터페이스입니다. 예를 들어, 기상 정보를 알려주는 서비스의 API를 이용하면 다른 앱에서도 그 기상 정보를 가져와서 사용할 수 있습니다. API는 HTTP 요청을 이용해서 데이터를 전송하거나 가져오며, RESTful API, SOAP API, GraphQL API 등 다양한 유형이 있습니다. API는 개발자들이 앱을 더 쉽고 효율적으로 개발할 수 있도록 돕는 중요한 기술입니다.

여전히 어려운 내용이 있긴 하지만 훨씬 나아졌습니다. 적어도 개념은 이해하고 맥락은 파악했으니 이제 API를 사용해보도록 하겠습니다.

일단은 GPT API KEY값을 받아야 하니 Key 값을 받을 수 있는 페이지로 들어가보겠습니다. platform.openai.com/account/api-keys를 주소창에 입력하세요. OpenAI에 가입해 챗GPT를 사용해보았다면 GPT API도 자유롭게 사용할 수 있습니다. 또 OpenAI가 만든 다른 서비스도 사용할 수 있습니다.

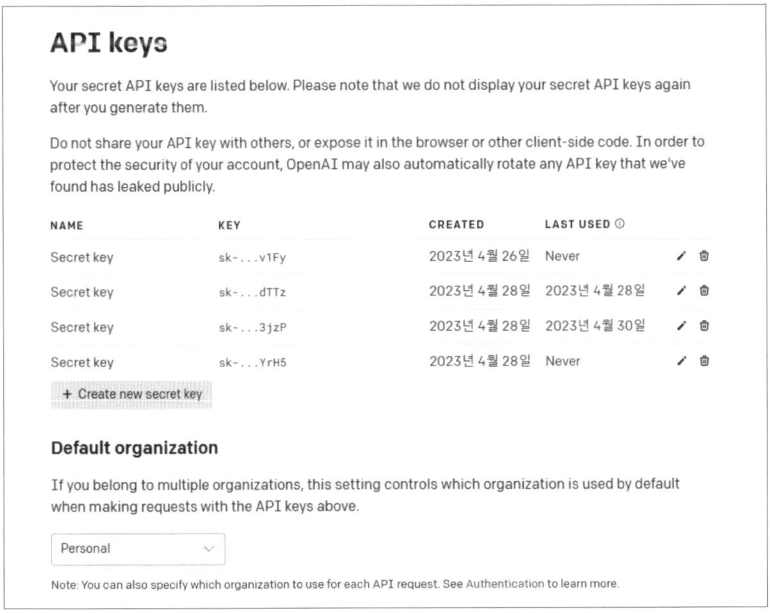

API keys

Your secret API keys are listed below. Please note that we do not display your secret API keys again after you generate them.

Do not share your API key with others, or expose it in the browser or other client-side code. In order to protect the security of your account, OpenAI may also automatically rotate any API key that we've found has leaked publicly.

NAME	KEY	CREATED	LAST USED
Secret key	sk-...v1Fy	2023년 4월 26일	Never
Secret key	sk-...dTTz	2023년 4월 28일	2023년 4월 28일
Secret key	sk-...3jzP	2023년 4월 28일	2023년 4월 30일
Secret key	sk-...YrH5	2023년 4월 28일	Never

+ Create new secret key

Default organization

If you belong to multiple organizations, this setting controls which organization is used by default when making requests with the API keys above.

Personal

Note: You can also specify which organization to use for each API request. See Authentication to learn more.

[그림 7-1] GPT API Keys 메인화면

여기서 [+Create new secret key] 버튼을 클릭하면 다음과 같은 창이 뜨며 이름을 적으라고 나오니 적당한 이름을 적어주면 됩니다. 일단 책쓰기라고 적었으나 적지 않아도 문제는 없습니다.

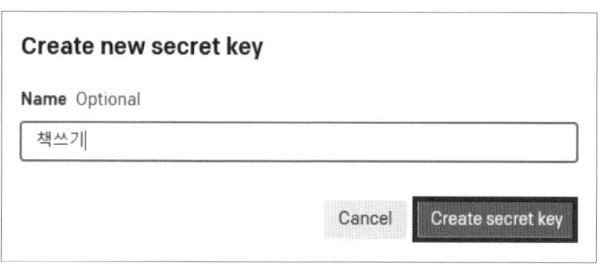

[그림 7-2] GPT API에서 key 생성하기

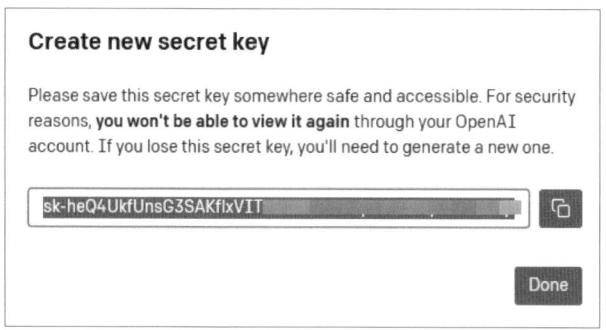

[그림 7-3] GPT API Key값

그러면 sk로 시작하는 API Key값이 생성이 됩니다. 생성된 값을 복사해 메모장에 붙여놓은 뒤 'Done'을 클릭합니다. Key값은 한번 만들고 창을 닫으면 다시 볼 수 없지만 새로운 것을 무한정 만들 수 있습니다. key값을 메모장에 붙여넣지 않아도 새로 생성하면 되니까 너무 걱정하지 않아도 됩니다.

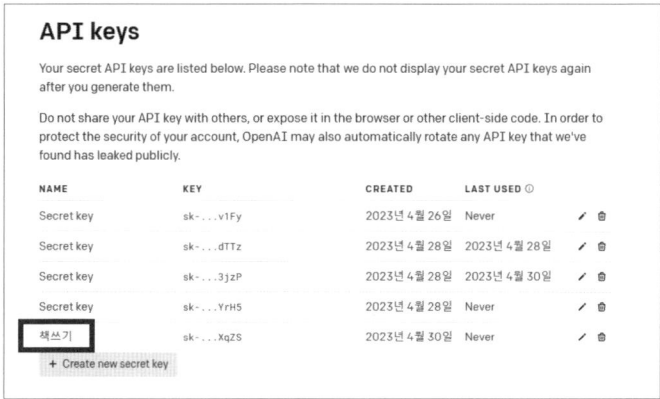

[그림 7-4] GPT API Keys 메인화면에 추가된 책쓰기 API

그러면 책쓰기라고 이름 붙여진 API Key값이 만들어집니다. 이름과 Key값, 만든 날짜와 가장 최근에 사용된 날짜를 확인할 수 있습니다. 오른쪽의 펜 모양의 아이콘을 누르면 이름을 바꿀 수 있고 휴지통 모양의 아이콘을 누르면 생성한 Key값을 삭제할 수 있습니다.

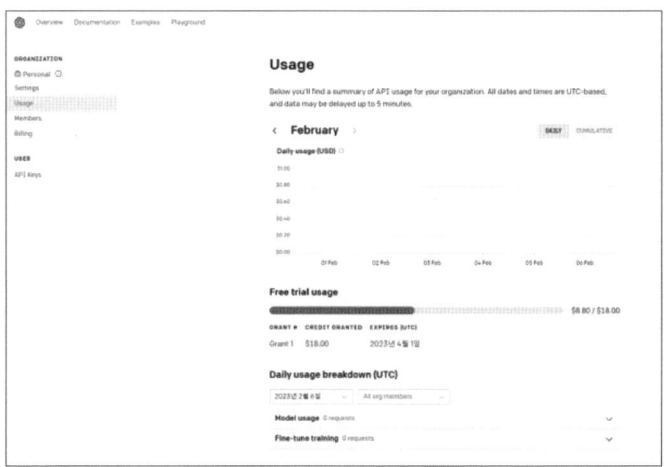

[그림 7-5] GPT API 사용량 확인

7장 챗GPT로 마케팅 계획을 짤 수 있다고? 195

그러나 주의해야 할 점도 있습니다. GPT API는 지금까지 소개해드린 대부분의 서비스처럼 무료로 사용할 수 있는 것이 아니라 사용한 토큰의 수만큼 돈을 지불해야 하는 유료 서비스라는 점입니다. 챗GPT에 가입해 비용을 지불하고 GPT-4 버전을 사용한다고 해서 GPT API도 무료로 사용할 수 있다는 의미가 아니니 더욱 관심을 가져야 합니다. 두 서비스는 서로 다른 서비스이고, 과금 체계도 다르기 때문입니다.

다만 신규 사용자를 위한 무료 크레딧을 일부나마 제공하고 있습니다. 사용할 때는 무료 크레딧을 제공합니다. [그림 7-5]에서 왼쪽의 Usage 항목을 클릭하면 남아 있는 무료 크레딧의 양을 확인할 수 있습니다. 예전에는 신규 가입자에게 18달러를 제공해 사용하게 했지만 최근 가입자에게는 5달러를 제공한다고 합니다. 액수를 계산하면서 사용하면 좋습니다.

하지만 GPT API에 처음 접속했어도 무료 크레딧이 없을 수 있습니다. 무료 크레딧은 사용자가 GPT API에 처음으로 접속했을 때 제공되는 것이 아니라 사용자가 GPT API를 만든 OpenAI의 홈페이지에 가입했을 때 크레딧이 제공되는 것이기 때문입니다. 챗GPT를 사용하기 위해 OpenAI에 가입했을 때 이미 GPT API 무료 크레딧이 발급되었는데 사용자는 그 사실을 몰랐고, 시간이 지나 사용하지 않은 것은 물론 발급된 것도 몰랐던 크레딧은 유효기간이 지나면 사라진다는 사실을 알고 있으면 좋습니다.

또한 GPT API는 가입할 때 입력한 전화번호를 기준으로 토큰을 지급하기 때문에 다른 이메일에 기존의 전화번호를 입력해 새롭게 가입하더라도 토큰은 새롭게 지급되는 것이 아니라 전화번호를 입력했을 때를 기준으로 지급되어 유효기간이 설정되오니 유념하시기 바랍니다.

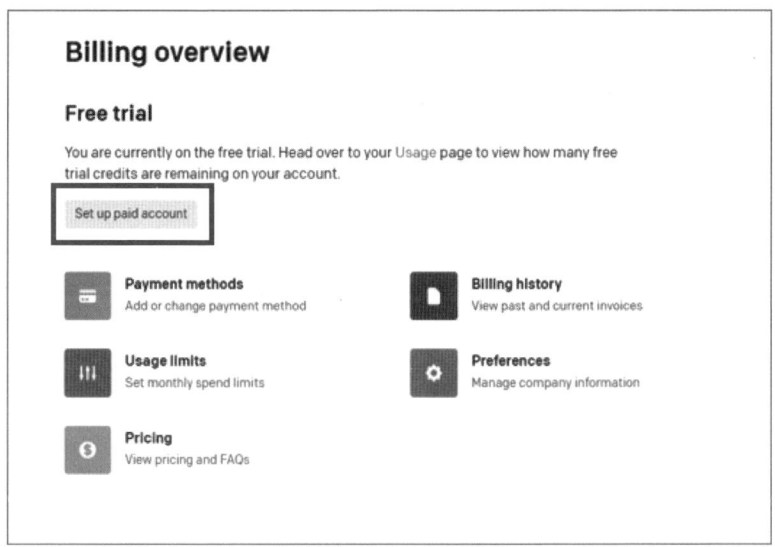

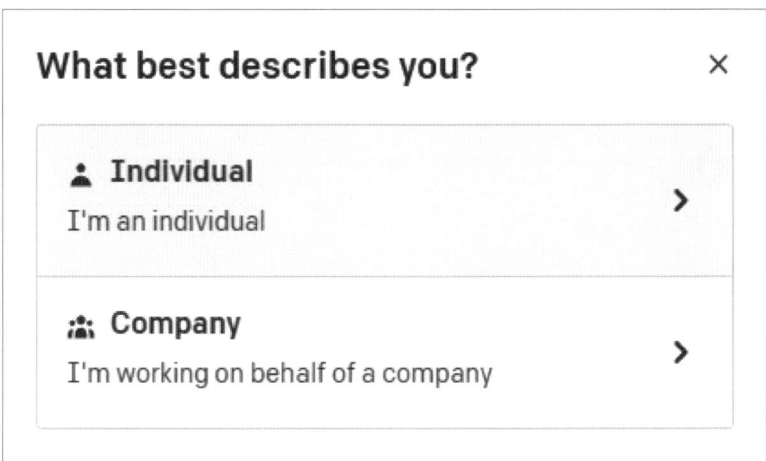

[그림 7-6] GPT API에 카드 등록하기(개인 및 회사 선택 가능)

만약 결제를 해서 크레딧을 늘리고 싶다면 신용카드를 등록해서 사용하면 됩니다. [그림 7-6]의 첫 번째 그림처럼 Billing overview 항목을 클릭하고 [Set up paid account] 버튼을 누르면 카드를 등록할 수 있습니다. 그러면 [그림 7-6]의 두 번째 그림이 화면에 나타나는데 Individual을 클릭하면 개인 계정으로 가입할 수 있고 Company를 클릭하면 회사 계정으로 가입할 수 있으니 필요에 따라 클릭하면 됩니다.

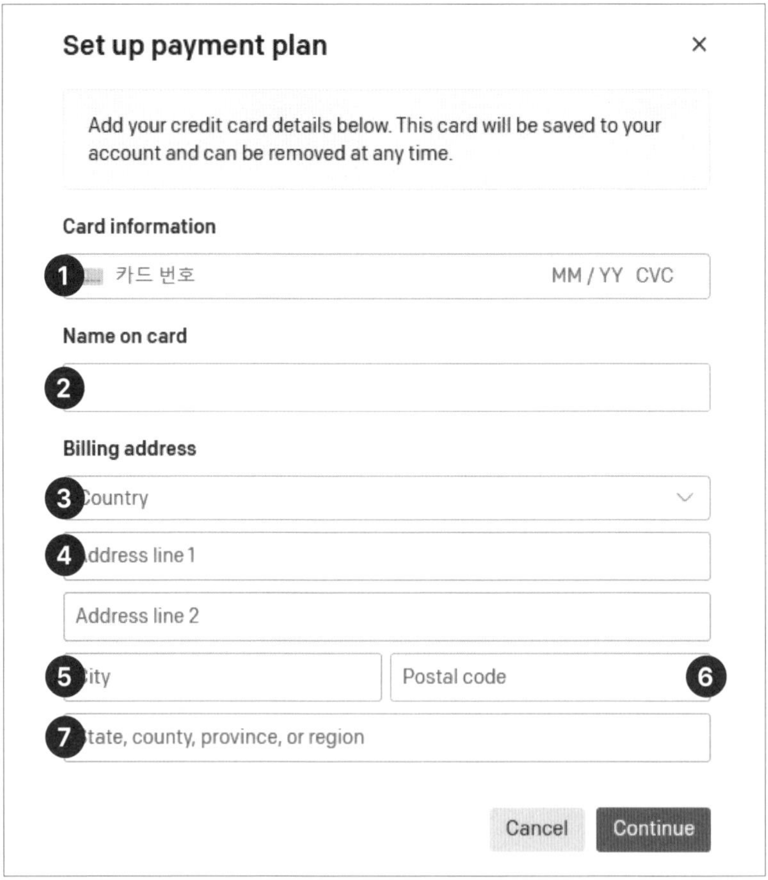

[그림 7-7] GPT API에 카드 등록하기

해외 결제가 가능한 VISA나 마스터 등 로고가 있는 신용카드를 등록하면 이제 GPT API를 사용할 수 있습니다. ①번에는 자신의 카드 번호 ②번에는 카드에 적힌 영문 이름 ③번에는 카드 발행 국가 ④번에는 자신의 주소 ⑤번에는 사는 도시 ⑥번에는 우편번호를, ⑦번에는 서울특별시나 충청도 같은 행정 구역을 입력하면 됩니다.

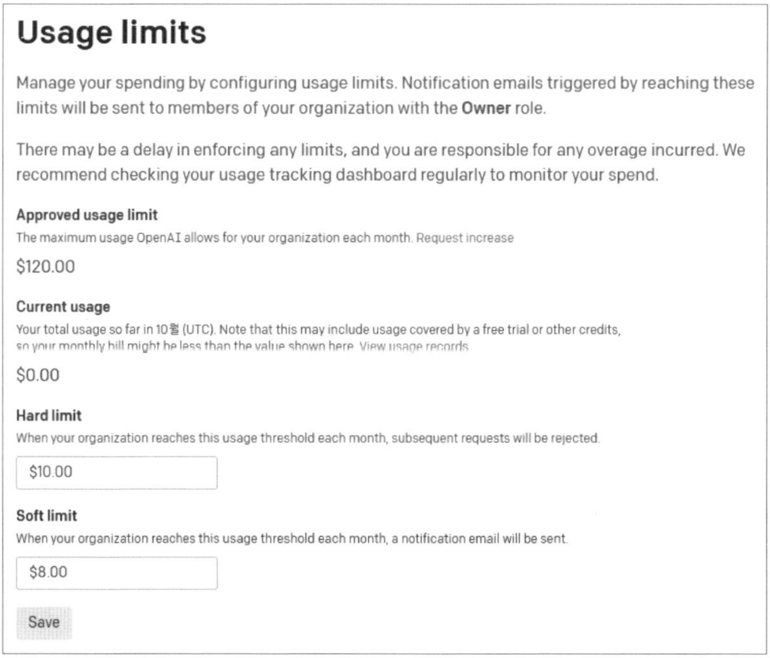

Usage limits

Manage your spending by configuring usage limits. Notification emails triggered by reaching these limits will be sent to members of your organization with the **Owner** role.

There may be a delay in enforcing any limits, and you are responsible for any overage incurred. We recommend checking your usage tracking dashboard regularly to monitor your spend.

Approved usage limit
The maximum usage OpenAI allows for your organization each month. Request increase
$120.00

Current usage
Your total usage so far in 10월 (UTC). Note that this may include usage covered by a free trial or other credits, so your monthly bill might be less than the value shown here. View usage records
$0.00

Hard limit
When your organization reaches this usage threshold each month, subsequent requests will be rejected.
$10.00

Soft limit
When your organization reaches this usage threshold each month, a notification email will be sent.
$8.00

Save

[그림 7-8] GPT API의 사용량을 확인할 수 있는 모습

카드를 등록하고 결제를 한 뒤에는 한 달에 최대 120달러 분량의 토큰을 사용할 수 있습니다. 자신이 지금까지 얼마를 사용했는지 확인하고 싶다면 [그림 7-6]의 첫 번째 그림에 보이는 Usage limits 항목을 클릭하면 됩니다. 다만 매달 정기적으로 120달러가 결제되는 것이

아니라 사용한 토큰 만큼의 금액이 지불되는 시스템이니 걱정하지 않아도 됩니다. Approved usage limit는 승인된 사용 한도를 의미합니다. [그림 7-8]에서 볼 수 있듯이 현재는 한 달 최대 사용량이 120달러로 설정되어 있습니다. 그 아래에 있는 Current usage는 현재 사용하고 있는 크레딧 금액입니다. 아직 한 번도 사용하지 않아 사용량이 표시되지 않았는데 사용량이 늘어남에 따라 이 액수가 증가할 것입니다. 아래의 Hard limit는 사용자가 GPT API를 사용하다가 강제로 사용을 중지하고 싶을 때 설정할 수 있는 금액입니다. 아래의 Soft limit는 계속 사용할 수는 있으나 사용자에게 현재까지 사용량을 알려주어 Hard limit에 도달하기까지 남은 금액을 확인할 수 있도록 도와줍니다. Hard limit와 Soft limit는 한 달이 지나면 모두 초기화 되니 크레딧 사용량이 Hard limit에 도달했다면 다음 달이 될 때까지 기다리면 다시 사용할 수 있습니다.

주의할 점은 API Key값은 결국 돈이나 다름없다는 것입니다. 그래서 API Key 관리를 잘해야 하는데 한 개의 API Key만으로 여러 곳에서 사용할 수 있지만 되도록이면 특정한 목적에 따라 API Key를 만드는 습관을 들이는 게 좋습니다. 혹시라도 API Key가 노출되거나 공유되면 다른 사람이 나의 API Key를 사용하게 되고 그건 곧 내 돈을 사용한다는 이야기나 다름없기 때문입니다. 저도 공유된 구글 스프레드시트에 제 API Key를 넣었더니 제가 자고 있을 때 다른 사람이 사용해서 15달러가 지불된 경험이 있습니다. 그래서 한번 목적에 맞게 사용한 API Key는 삭제하는 습관을 들이는 것이 중요합니다.

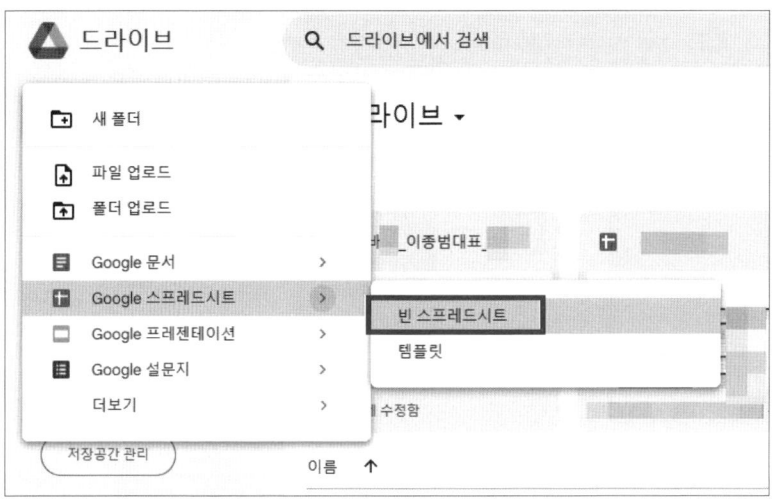

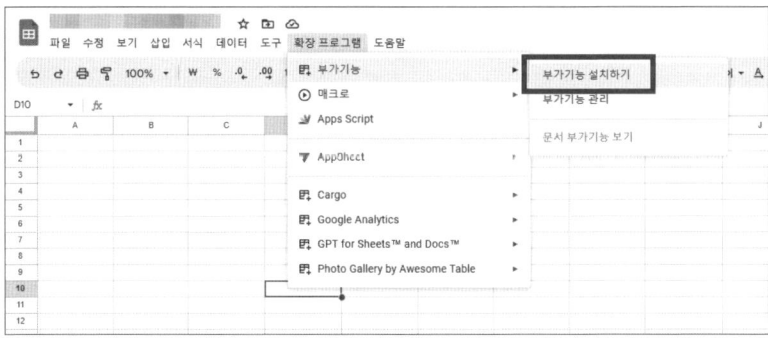

[그림 7-9] 구글 드라이브에서 스프레드시트를 만들고 부가기능 설치하기

이제 구글 스프레드시트를 만들어보겠습니다. [그림 7-9]의 첫 번째 그림처럼 구글 개인 계정에 로그인하고 구글 드라이브에 들어가 새로 만들기에 마우스를 가져다 놓아 'Google 스프레드시트'의 '>'에 마우스를 갖다 대면 뜨는 [빈 스프레드시트]를 클릭합니다. 그리고 [그림 7-9]의 두 번째 그림처럼 확장 프로그램 > 부가기능 > [부가기능 설치하기] 버튼을 클릭합니다.

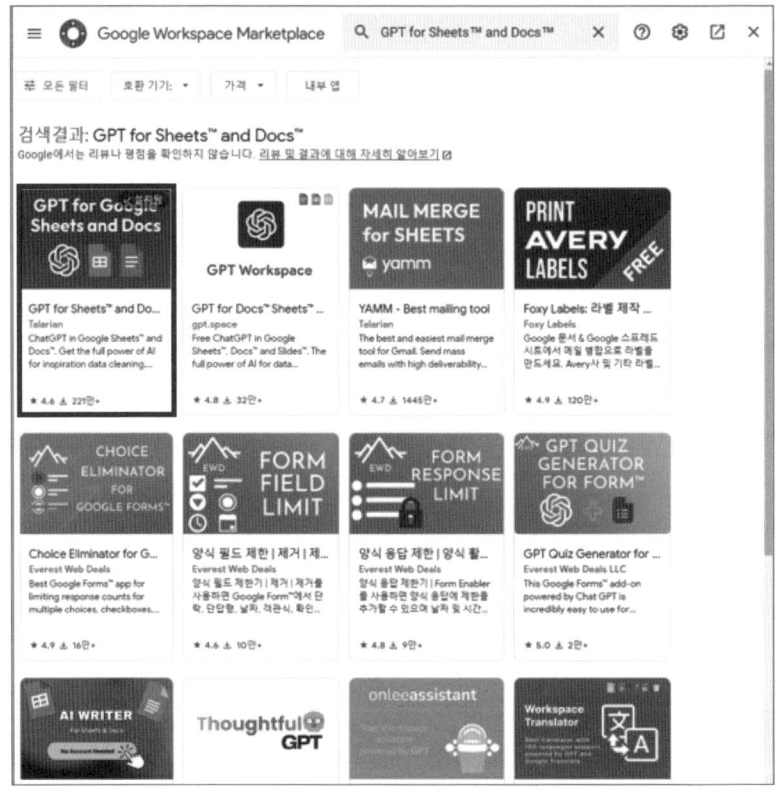

[그림 7-10] GPT for Sheets™ and Docs™를 검색했을 때의 모습

그러면 위와 같은 화면이 뜹니다. 여기서 맨 위의 상단의 네모 박스에서 GPT for Sheets을 입력하면 나타나는 GPT for Sheets™ and Docs™ 플러그인을 설치해줍니다. 이것은 구글 스프레드시트와 구글 독스에서 GPT 함수를 사용할 수 있게 해줍니다. 이 플러그인을 설치해 활성화시키면 복잡하고 단순해서 지루한 문서 작업들을 자동화하고 업무 효율성을 높일 수 있습니다. 또 간단한 홍보 문구를 작성할 수 있고 블로그 포스팅 등에도 사용할 수 있습니다.

[그림 7-11] GPT for Sheets™ and Docs™ 를 설치했을 때의 모습

이 플러그인은 구글 스프레드시트에 챗GPT를 내장해서 챗GPT를 사용하기 위해 로그인하고 실행하는 과정을 단축시켜 준다는 장점이 있습니다. 직장인이나 학생을 비롯한 많은 사람들이 사용하는 구글 스프레드시트에서 손쉽게 챗GPT를 사용할 수 있다면 쉽고 빠르게 콘텐츠를 생성하고 마케팅 아이디어나 발표 자료도 편하게 얻을 수 있을 것입니다.

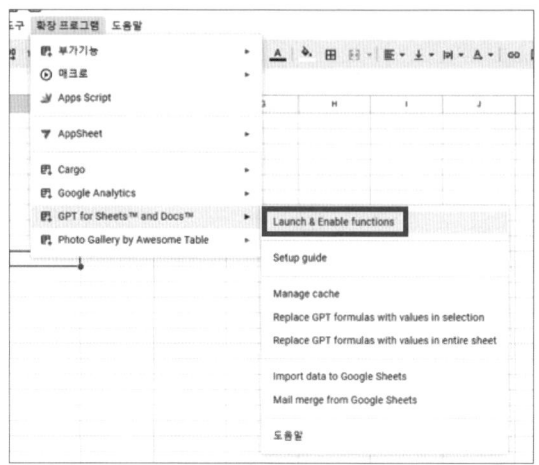

[그림 7-12] GPT for Sheets™ and Docs™를 설치하고 난 다음의 화면 모습

플러그인을 설치했으면 상단의 확장 프로그램 항목에서 GPT for Sheets and Docs 〉 Launch & Enable functions을 클릭합니다.

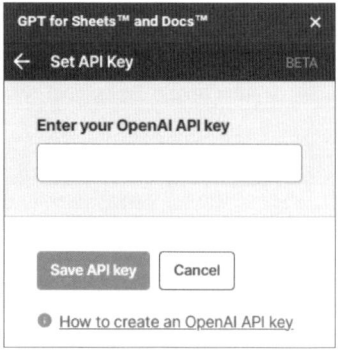

[그림 7-13] API Key 입력하기

그럼 사이드바에 GPT API Key를 넣는 곳이 나오는데 앞에서 메모장에 복사해둔 GPT API Key 값을 넣어주면 됩니다. 이제는 구글 스프레

드시트에서 GPT 함수를 사용할 수 있습니다. 제일 먼저 트위터에 들어갈 문구를 작성해보도록 하겠습니다.

A	B	C	D	E	F
책 제목	NFT와 WEB3				
트위터 문구		1	NFT와 WEB3는 디지털 아트와 게임에서 혁신적인 변화를 가져옵니다		
		2	우리 제품은 혁신적인 기술과 디자인으로 만들어졌습니다. 고객님의 실		
		3	새로운 아이디어와 창의적인 해결책으로 문제를 해결하는 전문가들의		
		4	새로운 아이디어와 창의적인 해결책으로 문제를 해결하는 전문가들의		
		5	새로운 제품 출시! 이제 더 쉽게 일상을 즐기세요. #새로운제품 #일상 #		

[그림 7-14] GPT 함수를 활용한 트위터 문구 작성

구글 스프레드시트의 A1셀에 "책 제목"이라고 적고, 그 옆인 B1셀에 실제 책 제목을 적습니다. 그리고 A2셀에는 "트위터 문구"라고 작성하고 B2셀에는 숫자 1을 작성합니다. C2셀에는 =GPT("Write a 140 character pitch for Twitter. please write it up in Korean.", B1)을 적습니다. 그러면 트위터 문구가 자동으로 생성이 됩니다. 여러 GPT 함수 중에 GPT를 사용했고, GPT 이후 바로 뒤에 큰따옴표 안에 프롬프트를 작성했습니다. 한글로 작성해도 됩니다. =GPT("트위터에 홍보할 글을 140자로 적어줘.", B1) 이렇게 작성해도 같은 결과를 가져다줍니다. 프롬프트 뒤에는 참고할 셀을 적어주면 됩니다.

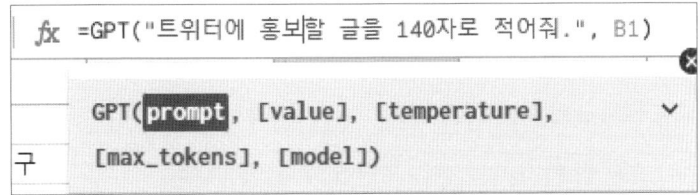

[그림 7-15] 화면에는 보이지는 않는 문구의 GPT 함수 구조

C2 셀을 클릭하고 상단의 명령어를 클릭하면 그림 7-14와 같은 GPT 함수의 구조가 나타납니다. GPT 함수는 GPT ([prompt], [value], [temperature], [max_tokens], [model])으로 구성됩니다. Prompt에는 질문을 입력해주면 되고, value에는 앞서 이야기한 것처럼 참고할 셀을 입력해주면 됩니다. Temperature는 창의성에 관한 것으로 0-1사이 값을 입력할 수 있고 1에 가까울수록 창의적인 답변을 해줍니다. Max_tokens는 요청에 사용할 최대 토큰 수인데 보통 2000 정도를 입력하면 잘 나옵니다. 구글 스프레드시트는 작업에 필요한 시간을 6초만 허용하기 때문에 그보다 작업 시간이 초과하면 에러를 내는데 토큰 수를 너무 많이 잡으면 작업 시간이 초과되어 에러가 나니 적정한 토큰 값을 입력해야 합니다. 실제로 에러가 났을 때 토큰 수를 500까지 줄이면 제대로 된 답변이 나옵니다. Temperature나 Max_tokens를 꼭 넣을 필요는 없지만 에러가 나올 때는 이 값들을 설정해주면 에러를 피할 수 있습니다. Model은 GPT API Model입니다.

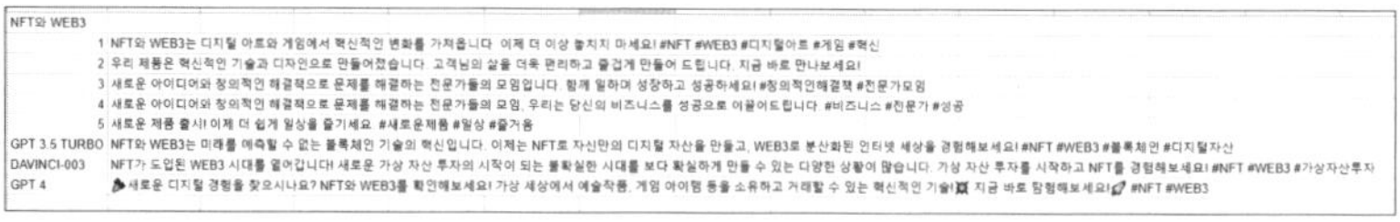

[그림 7-16] GPT 함수의 구조

모델을 입력한 경우 차이를 한번 확인해보고 싶다면 다음의 함수를 작성해서 테스트해보면 됩니다. 제가 입력하며 변수를 주니 다음과 같이 답변이 조금씩 달라지는 것을 확인할 수 있었습니다.

> (=GPT ("트위터에 홍보할 글을 140자로 적어줘.", B1, 0.7, 500, "gpt-3.5-turbo")

> NFT와 WEB3는 미래를 예측할 수 없는 블록체인 기술의 혁신입니다. 이제는 NFT로 자신만의 디지털 자산을 만들고, WEB3로 분산화된 인터넷 세상을 경험해보세요! #NFT #WEB3 #블록체인 #디지털자산

> =GPT ("트위터에 홍보할 글을 140자로 적어줘.", B1, 0.7, 500, "text-davinci-003")

> NFT가 도입된 WEB3 시대를 열어갑니다! 새로운 가상 자산 투자의 시작이 되는 불확실한 시대를 보다 확실하게 만들 수 있는 다양한 상황이 많습니다. 가상 자산 투자를 시작하고 NFT를 경험해보세요! #NFT #WEB3 #가상자산투자

> =GPT ("트위터에 홍보할 글을 140자로 적어줘.", B1, 0.7, 500, "gpt-4")

> 🎉 새로운 디지털 경험을 찾으시나요? NFT와 WEB3를 확인해보세요! 가상 세상에서 예술작품, 게임 아이템 등을 소유하고 거래할 수 있는 혁신적인 기술! 💥 지금 바로 탐험해보세요! 🚀 #NFT #WEB3

API에는 GPT-3을 기반으로 하는 davinci-003, GPT-3.5-Turbo, GPT-4가 있습니다. GPT-4가 가장 발전된 만큼 좋은 결과값을 내지만 큰 차이는 없습니다. 다만 가격에는 차이가 있습니다. Davinci-003

의 1000 토큰당 가격은 0.02달러이고 GPT-3.5-Turbo의 가격은 0.002달러인 데 반해, GPT-4의 가격은 프롬프트가 0.03달러, 답변은 0.06달러나 됩니다. 따라서 우리는 질문을 입력할 때 신중해야 한다는 점을 알 수 있습니다.

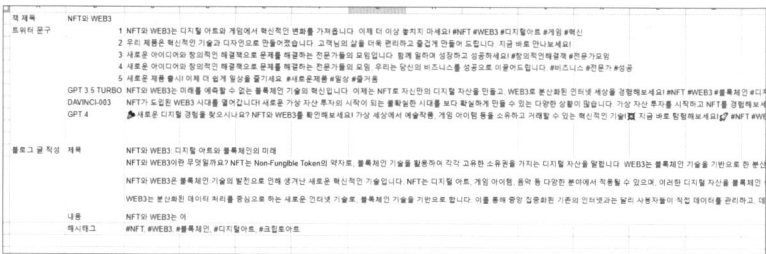

[그림 7-17] 블로그 반자동 글쓰기를 했을 때의 모습

다음은 블로그 반자동 글쓰기를 해보았습니다. 사용한 함수는 아래와 같습니다.

제목: =GPT ("블로그 글의 제목을 한문장으로 적어줘.", B1, 0.7, 500, "gpt-4")

본문: =GPT ("블로그 글을 SEO를 고려하여 1000자로 적어줘.", B1, 0.7, "gpt-4")

해시태그: =GPT ("블로그에 들어갈 해시태그 5개만 알려줘.", B1, 0.7, 500, "gpt-4")

제목: NFT와 WEB3: 디지털 아트와 블록체인의 미래

본문: "NFT와 WEB3이란 무엇일까요? NFT는 Non-Fungible Token

의 약자로, 블록체인 기술을 활용하여 각각 고유한 소유권을 가지는 디지털 자산을 말합니다. WEB3는 블록체인 기술을 기반으로 한 분산 웹의 새로운 패러다임으로, 중앙 집중화된 기존의 인터넷과는 다르게 분산화된 데이터 처리를 중심으로 합니다.

NFT와 WEB3은 블록체인 기술의 발전으로 인해 생겨난 새로운 혁신적인 기술입니다. NFT는 디지털 아트, 게임 아이템, 음악 등 다양한 분야에서 적용될 수 있으며, 이러한 디지털 자산을 블록체인 상에 등록할 수 있습니다. 이를 통해 해당 자산의 소유권이 분산화되어 중앙 집중화된 제어가 어려워지며, 불법 복제나 도용 등의 문제를 예방할 수 있습니다.

WEB3는 분산화된 데이터 처리를 중심으로 하는 새로운 인터넷 기술로, 블록체인 기술을 기반으로 합니다. 이를 통해 중앙 집중화된 기존의 인터넷과는 달리 사용자들이 직접 데이터를 관리하고, 데이터가 분산되어 처리됩니다. 이러한 구조는 보안성과 개인정보 보호에 큰 장점을 가지며, 다양한 새로운 비즈니스 모델을 상술할 수 있습니다.

해시태그: #NFT, #WEB3, #블록체인, #디지털아트, #크립토아트

이처럼 GPT API로 생성한 문구는 쓸 만한 문구도 있고, 어색한 문구도 있습니다. 어색하거나 사실과 다른 내용은 수정하고, 나만의 스타일로 글을 바꾼 후 직접 업로드하는 반자동 방식으로 콘텐츠를 만들어 업로드한다면 혼자서 글을 처음부터 쓰는 것보다 더 빠르게 글을 작성할 수 있을 것입니다. 참고로 이를 응용해서 장문 작성도 할 수 있다고 생각하실지 모르겠으나 앞서 설명한 바와 같이 6초 이상 대기하면 구글 스프레드시트에 에러가 나게 되어 있기 때문에 긴 글은 작성이 어려우니 유념하시기 바랍니다.

8장

미드저니와 캔바로 컬러링북 만들기

1

미드저니 가입하고 사용하기

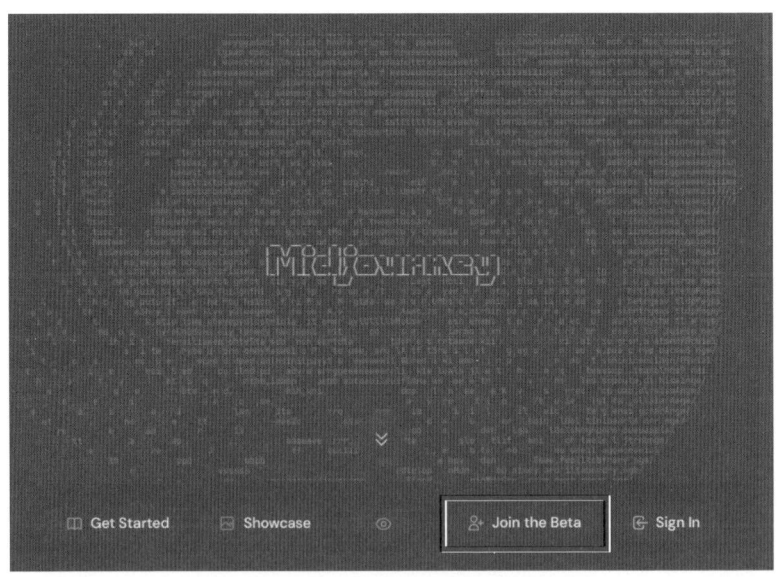

[그림 8-1] 미드저니 메인 화면

생성형 AI 중에 가장 유명한 대화형 인공지능 프로그램이 챗GPT라면 가장 유명한 이미지 생성 프로그램으로는 미드저니MIdjourney를 꼽을 수 있습니다. 앞에서 잠시 언급했듯 미드저니를 활용하면 삽화나 동화책도 만들 수 있습니다. 8장에서는 미드저니만으로도 컬러링북을 만들어 출판하는 방법에 대해서 소개해드리겠습니다. 컬러링북은 색칠공부를 할 수 있는 책으로 텍스트의 비중이 매우 낮거나 없어서 언어의 제약이 거의 없기 때문에 아마존에서도 특정 국가나 지역에서만이 아니라 아마존에서 유통할 수 있는 모든 나라에서 판매하기에 좋은 책입니다. 8장에서는 미드저니를 활용해 본문에 들어갈 그림을 만들고 캔바Canva와 챗GPT의 도움을 받아 책을 만드는 과정을 살펴보도록 하겠습니다.

먼저 미드저니에 가입해보겠습니다. 미드저니 홈페이지인 midjourney.com에서 하단의 [Join the Beta] 버튼을 클릭합니다.

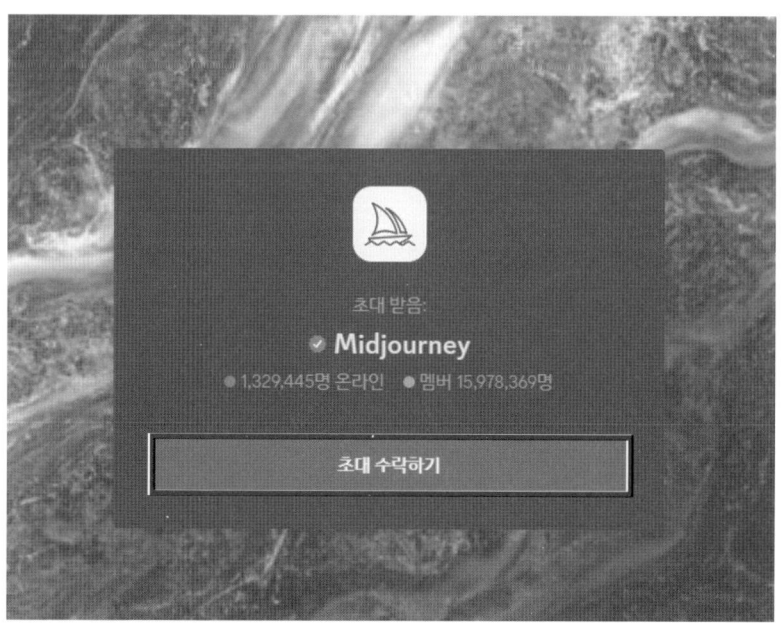

[그림 8-2] 미드저니 디스코드 회원가입

미드저니는 디스코드Discord라는 서비스를 사용하여 그림을 만들어줍니다. 먼저 디스코드에 회원가입을 한 후 [초대 수락하기] 버튼을 클릭하면 디스코드에 입장할 수 있습니다.

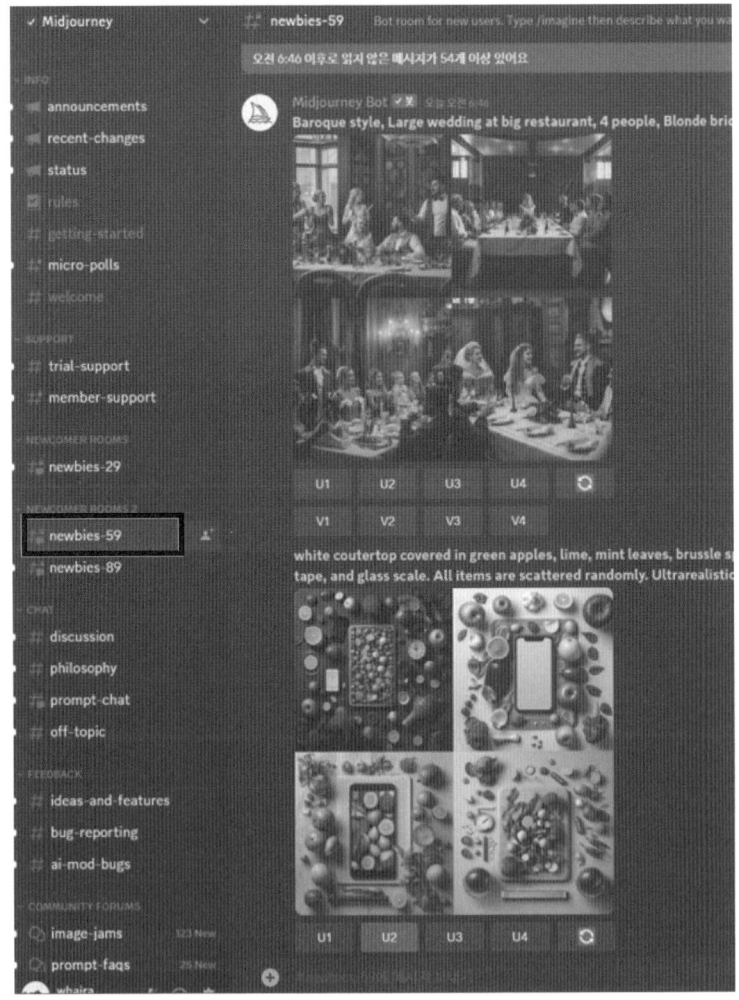

[그림 8-3] 미드저니 디스코드 메인 화면

디스코드 왼쪽에 있는 게시판 중에 뉴비newbies라고 적혀 있는 것이 생성된 이미지를 업로드하는 곳입니다. 여러 개의 게시판이 활성화되어 있으니 그중 하나를 클릭해봅시다. 메인 화면 하단에 프롬프트를 넣을 수 있게 되어 있고, 여기에 '/subscribe'를 입력하면 'open subscription page'라는 문구가 나오고 이 문구를 클릭하면 유료 결제를 할 수 있는 창으로 이동하게 됩니다.

유료로 운영되는 미드저니는 이미지를 생성하는 데 드는 시간을 기준으로 세 개의 Plan을 운영하고 있습니다. Basic Plan의 가격은 2023년 현재 10달러, Standard Plan의 가격은 30달러, Pro Plan의 가격은 60달러입니다. 처음 사용할 때는 Basic Plan으로 가입하고 사용량이 많아지면 Standard Plan이나 Pro Plan으로 변환하면 됩니다. Basic Plan은 한 달에 200분을 사용할 수 있는데 이 시간 동안에는 대략 200개의 이미지를 생성할 수 있습니다.

반면 Standard Plan부터는 시간 제한 없이 사용할 수 있습니다. Basic Plan과 Standard Plan이 동시에 작업할 수 있는 횟수가 3개로 한정되어 있고 작성한 프롬프트는 모두에게 공개되는 데 반해 Pro Plan은 동시에 작업할 수 있는 횟수가 12개이고 스텔스 모드를 가동했을 시에는 작성한 프롬프트를 비공개 처리할 수 있다는 장점이 있습니다. Pro Plan은 작업량이 많거나 비즈니스 종사자, 아티스트들이 프롬프트를 공개하지 않고 작업할 때 유용합니다. 사용 횟수에 따라 토큰이나 화폐를 소모하는 다른 프로그램들과 달리 Standard Plan 이상의 요금제를 선택하면 만족할 만한 결과물이 나올 때까지 무한정으로 이미지를 생성할 수 있다는 것이 미드저니의 큰 장점입니다.

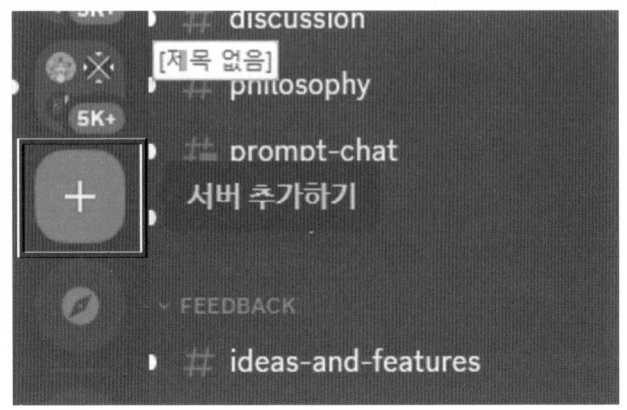

[그림 8-4] 디스코드 개인서버 만들기 1

결제를 했다면 다음은 개인 서버를 만들어야 합니다. 미드저니 디스코드 상에서 사용해도 되지만 뉴비 게시판에는 모든 사람들의 게시물이 올라오기 때문에 이미지를 생성하고도 내가 만든 이미지가 어디 있는지 찾기가 어렵습니다. 내가 만든 이미지만 따로 모아볼 수 있는 방법 중에 개인 서버를 만드는 방법이 가장 편해서 이 방법을 알려드립니다.

우선 [그림 8-4]의 첫 번째 그림처럼 왼쪽 사이드 바의 하단에는 플러스 기호가 있는 아이콘을 볼 수 있습니다. 이 아이콘을 클릭하면 두 번째 그림처럼 서버 만들기 창이 나옵니다. 여기서 [직접 만들기]를 클릭합니다.

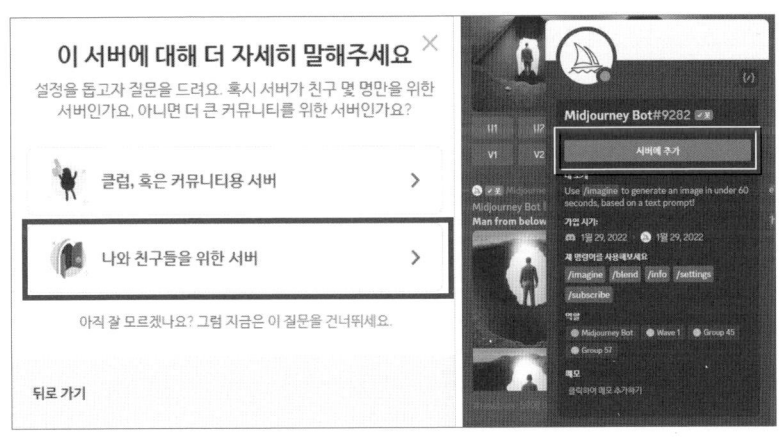

[그림 8-5] 디스코드 개인서버 만들기 2

[그림 8-5]의 왼쪽 그림을 보면 두 개의 서버를 개설할 수 있다는 것을 확인할 수 있습니다. 이중 아래에 있는 [나와 친구들을 위한 서버]를 클릭하고 미드저니 디스코드 메인화면으로 다시 이동합니다. 뉴비 게시판에 들어가서 생성되는 이미지들을 보면 만든 사람이 미드저니

봇Midjourney bot으로 되어 있습니다. 이것을 클릭하면 [그림 8-5]의 오른쪽 그림처럼 새로운 창이 뜨는데 여기서 [서버에 추가] 버튼을 클릭합니다.

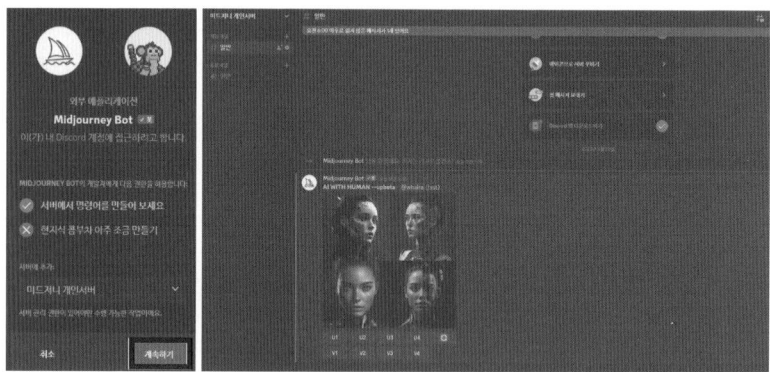

[그림 8-6] 디스코드 개인서버 만들기 3

다음으로는 [그림 8-6]의 왼쪽 그림이 화면에 나타날 것입니다. 이중에서 [계속하기]를 클릭하면 왼쪽 사이드 바에 내가 만든 서버 아이콘이 생기고, 이곳에서 이미지를 생성하면 내가 만든 이미지만 볼 수 있습니다.

이제 기본적인 준비가 다 끝났으니 이제 본격적으로 컬러링북을 만들어 보겠습니다. 컬러링북을 만들기 위한 프롬프트는 다양하지만 꼭 필요한 것 몇 가지를 추천해보겠습니다.

"[키워드 입력] with advanced shapes and regular details, for kids aged between 9 and 12 years, colouring book illustration, black and white, vector line art, no shades, black lines only --ar 2:3

"[키워드 입력] completely white background, clean line art, no shading, no colored objects, --ar 2: 3"

"coloring page for [키워드 입력] black and white, cartoon style, thick lines, low detail, no shading --ar 9:16"

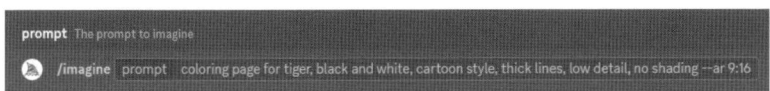

[그림 8-7] 미드저니 프롬프트 입력 방법

아래의 창에 /imagine을 입력한 후 키보드의 Tab키를 누르면 프롬프트를 입력할 수 있습니다. 명령어를 입력하고 Enter키를 누르면 이미지가 생성됩니다.

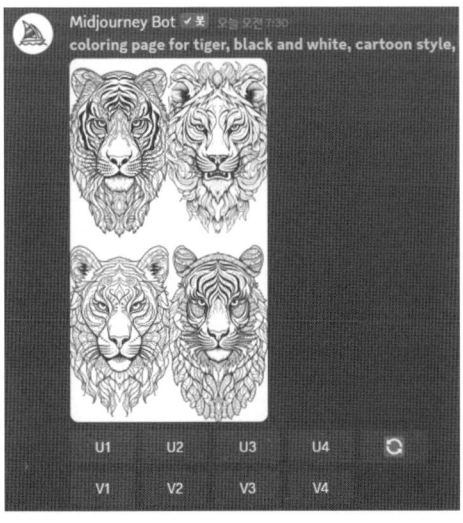

[그림 8-8] 미드저니에서 생성된 이미지의 모습

그림 아래에는 U와 V라는 약자가 있는데 U는 화질을 개선한다는 영어 단어 Upscale의 약자이고 V는 변형을 한다는 영어 단어 Variation의 약자입니다. U1을 클릭하면 1번 그림의 화질이 좋아지고 V2를 클릭하면 2번 그림을 변형시켜줍니다. 마음에 드는 그림이 없다면 이 버튼들을 클릭하고 다운로드하면 됩니다.

2

아마존에서 판형 결정하기

지금까지 미드저니를 사용해서 컬러링북에 사용할 이미지를 만드는 방법을 설명했습니다. 예전이었다면 이미지를 만드는 데만 노력과 시간이 많이 필요했을 것입니다. 먼저 그림 작가를 섭외하고 미팅을 하며 책의 콘셉트와 의도를 전달하고, 그림 작가가 컬러링북에 들어갈 그림들을 하나하나 그려야 합니다. 또 그림 작가가 그려온 그림을 확인하고 검수한 뒤 수정 내역을 정리해 전달한뒤 다시 수정된 그림을 확인해야 하는데 생각만 해도 지루하고 복잡합니다. 하지만 미드저니는 이러한 과정을 획기적으로 단축해줬습니다. 미드저니의 원리와 프로세스를 습득하고 키워드만 제대로 입력한다면 적절한 결과물이 나옵니다. 예상 독자의 연령대를 입력해주고 그림의 색깔 여부를 지정해준 뒤 카툰이라는 말처럼 그림의 성격, 그림자의 유무 등만 설정해주면 우수한 품질의 그림이 몇 분만에 나타납니다.

시간과 비용을 절감하고 콘셉트와 의도에 정확히 부합하는 그림들을 만들어냈으니 이제 판형을 결정할 차례입니다. 아마존 킨들에서 Paperback으로 책을 만들어보겠습니다.

Help Topics	Paperback
Help KDP Help Center Home	**Trim Size**
Account & Taxes Set up your KDP account CreateSpace Account Tax Information	5" x 8" (12.7 x 20.32 cm) 5.06" x 7.81" (12.85 x 19.84 cm) 5.25" x 8" (13.34 x 20.32 cm) 5.5" x 8.5" (13.97 x 21.59 cm)
Book Formatting Format Your Paperback > Set Trim Size, Bleed, and Margins	6" x 9" (15.24 x 22.86 cm) **Large Trim Sizes**
Format Front Matter, Body Matter, and Back Matter Save Your Manuscript File Paperback and Hardcover Manuscript Templates Cover Creator Create a Paperback Cover Format Images in Your Book Paperback Fonts Fix Paperback and Hardcover Formatting Issues Paperback Submission Guidelines Format Your Hardcover Format Your eBook Tools and Resources	6.14" x 9.21" (15.6 x 23.39 cm) 6.69" x 9.61" (16.99 x 24.41 cm) 7" x 10" x (17.78 x 25.4 cm) 7.44" x 9.69" (18.9 x 24.61 cm) 7.5" x 9.25" (19.05 x 23.5 cm) 8" x 10" (20.32 x 25.4 cm) 8.25" x 6" (20.96 x 15.24 cm) 8.25" x 8.25" (20.96 x 20.96 cm) 8.5" x 8.5" (21.59 x 21.59 cm) 8.5" x 11" (21.59 x 27.94 cm) 8.27" x 11.69" (21 x 29.7 cm)

[그림 8-9] Paperback 규격을 정리해둔 아마존 전자책 모습

아마존 킨들에 로그인을 하고 화면 상단에 있는 'help'를 클릭합니다. 새로운 창이 뜨면 화면 왼쪽의 바에서 Book Formatting 중 'Format Your Paperback'을 클릭합니다. 다음으로 'Set Trim Size, Bleed, and Margins'를 클릭하면 나타나는 화면에서 책의 크기를 확인하고 복사할 수 있습니다. 저는 6"×9" (15.24×22.86cm) 판형을 선택했습니다. 아마존에서는 Hard Cover 항목에 배치되어 있으나 국내 책 중에는 6"×9" 판형도 Paperback으로 나오는 경우가 많으니 괜찮을 것 같습니다.

3

캔바를 활용해 디자인하고 아마존 킨들에서 출간하기

본문의 내용과 판형 등을 정리했다면 이제 인쇄를 할 차례가 됐습니다. 작성한 본문을 인쇄물로 만들어주는 플랫폼은 여러 가지가 있지만 여기서는 캔바라는 그래픽 디자인 플랫폼에서 작업을 진행해 보겠습니다.

먼저 캔바 홈페이지인 canva.com에서 회원 가입을 합니다. 캔바에는 세 가지 요금제(무료와 캔바 프로, 단체용 캔바)가 있습니다. 캔바 프로와 단체용 캔바는 유료인데, 30일 동안 무료 체험을 할 수 있습니다. 캔바를 사용해보고 만족했다면 결제 후 유료 요금제로 사용하고, 부담이 된다면 무료 사용 기간이 끝나기 전에 해지해도 됩니다. 무료 체험 종료 일주일 전에 알림을 보내주니 잊어버리지 않고 사용을 해지할 수 있습니다.

로그인을 한 뒤 메인 화면 오른쪽 상단에 있는 [디자인 만들기] 버튼을 클릭하면 드롭창에 다음과 같이 메뉴들이 나옵니다.

[그림 8-10] 캔바 디자인 만들기

[그림 8-11] 맞춤형 크기 정하기

가로와 세로에 각각 아마존 킨들에서 선택한 책의 크기를 입력합니다. 여기서 주의해야 할 점은 아마존 킨들에서 확인한 '6'과 '9'의 단위는 인치inch이니 px라고 표기된 부분을 눌러서 in으로 바꿔줘야 합니다. 그리고 [새로운 디자인 만들기]를 클릭합니다.

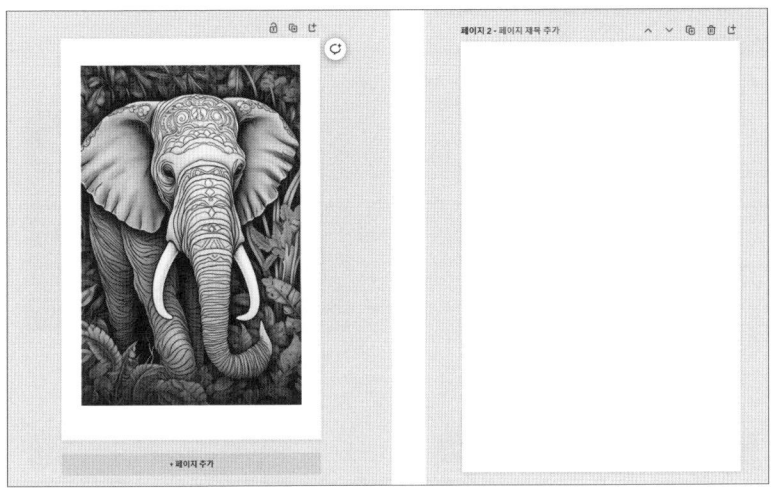

[그림 8-12] 캔바로 본문 페이지 만들기

미드저니에서 만들었던 이미지를 넣고 사이즈를 조절합니다. 첫 번째 페이지에는 이미지를 넣고, 두 번째 페이지는 빈칸으로 두되, 세 번째 페이지에는 이미지를 넣는 식으로 만들어야 합니다. 이렇게 한 페이지씩 비워 두는 이유는 색칠한 것이 번지지 않게 하기 위해서입니다. 첫 번째 페이지에서 색을 칠했는데, 두 번째 페이지가 비어 있는 대신 그림이 있다면, 첫 번째 페이지에 색칠한 것이 두 번째 페이지에 번져 그림을 사용하지 못할 수도 있습니다. 또 책의 왼쪽 페이지에 그림이 있는데 오른쪽 페이지에도 그림이 있다면, 각각의 페이지를 색칠하고 책을 덮었을 때 색이 번질 수 있으니 이러한 문제를 미연에 방지하기 위해서 페이지와 페이지 사이에 빈칸을 두어야 합니다.

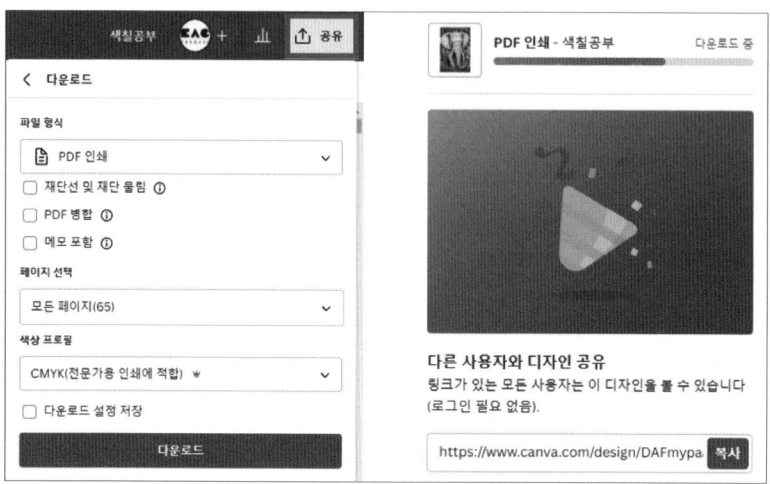

[그림 8-13] 캔바에서 PDF 파일을 다운로드하기

파일을 다 입력했다면 오른쪽 상단의 [공유]버튼을 클릭합니다. 파일 형식은 'PDF 인쇄'로 수정하고, 색상 프로필은 'RGB'에서 'CMYK (전문가 인쇄에 적합)'을 선택합니다. 다만 이 기능은 유료 버전인 캔바 프로나 단체용 캔바 버전 이용자만 사용할 수 있으니 필요에 따라 결제 후 사용하면 됩니다.

[그림 8-14] 아마존 킨들에서 책 표지 템플릿 확인하기

다음은 책 표지를 만들어야 합니다. 책 표지를 만들기 위해서 다시 아마존 킨들에서 템플릿을 다운로드해야 합니다. 앞에서 확인했던

'Format Your Paperback' 항목을 다시 클릭합시다. 그리고 메인화면에서 'Format your cover file' 아래에 있는 세 항목 중 가운데에 있는 'Download a Cover Template에서 cover calculator and templates'를 클릭합니다.

[그림 8-15] 아마존 킨들에서 템플릿 다운받기

그러면 [그림 8-15]와 같은 화면이 나오는데 왼쪽에는 책의 형태, 인쇄 방식, 사이즈 기준, 크기 등을 기록할 수 있는 옵션 화면이 있습니다. 이중에서 자신이 만들 책에 맞는 옵션을 선택한 후 'Calculate dimensions'를 클릭하면 규격이 나오고, [Download Template] 버튼을 클릭하여 템플릿을 다운로드합니다.

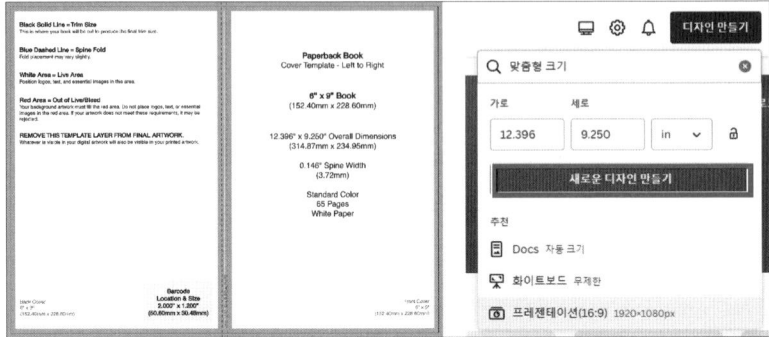

[그림 8-16] 캔바에서 책 표지 만들기 1

다운로드한 파일의 압축을 풀면 PDF 파일과 PNG 파일이 있습니다. 파일에 있는 사이즈 중에 Overall Dimensions 수치를 캔바에서 맞춤형 크기에서 설정합니다. [새로운 디자인 만들기] 버튼을 클릭합니다.

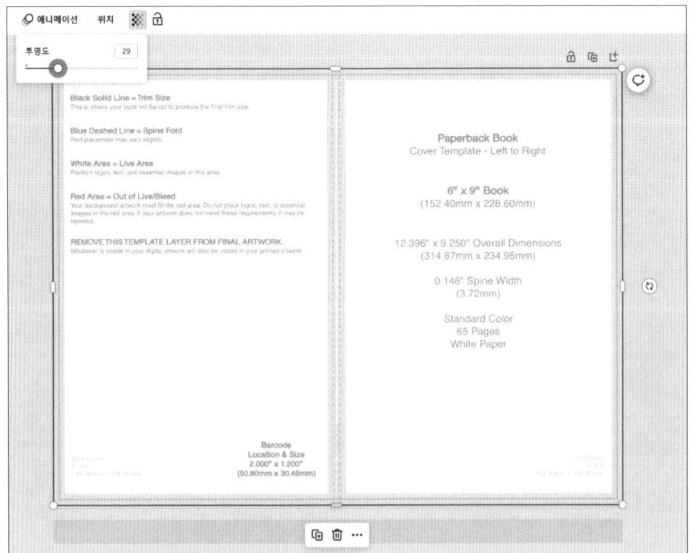

[그림 8-17] 캔바에서 책 표지 만들기 2

새로 디자인을 만들었으면 템플릿에 PNG 파일을 드래그 앤 드랍으로 가져다 놓고 본문의 크기와 비교해보기 위해 투명도를 30 정도로 낮추어 표지 가이드에 맞춰서 이미지나 텍스트를 배치합니다.

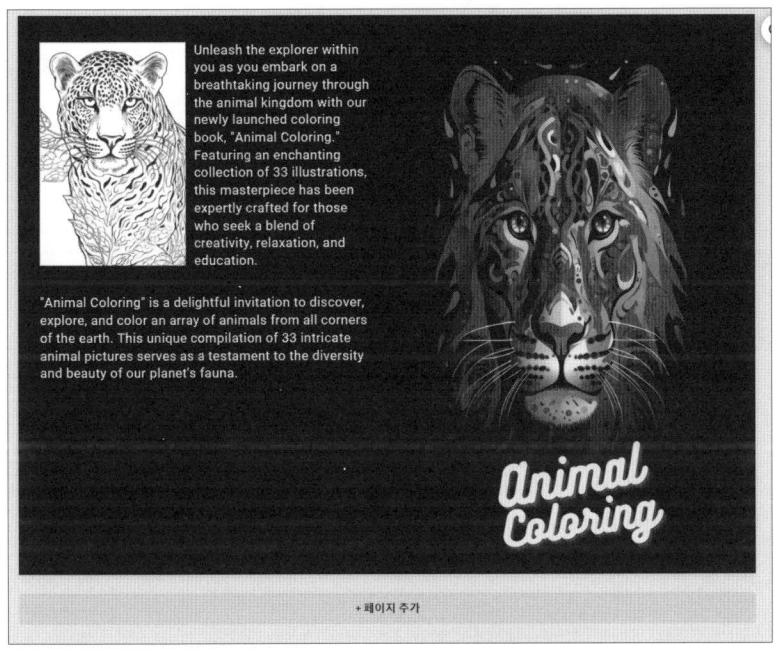

[그림 8-18] 캔바에서 책 표지 만들기 3

책 표지를 완성하였습니다. 문구의 경우는 챗GPT의 도움을 받았습니다. 표지에 들어간 이미지도 미드저니에서 'Tiger Colorful image'라고 입력하여 만들었습니다. 호랑이 느낌이 나는 것은 물론 얼굴의 눈과 코, 입 등의 비율이 자연스러워서 사람이 그린 그림이 아니라 프로그램이 만든 그림이라는 생각이 거의 들지 않을 정도로 자연스럽습니다.

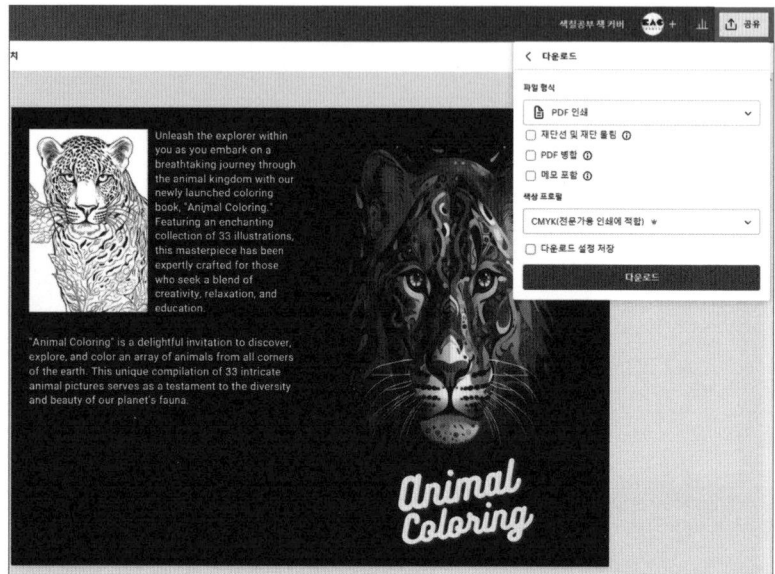

[그림 8-19] 캔바에서 책 표지 만들기 4

완성했으면 '공유' 버튼을 클릭 후 '다운로드'에서 'PDF 인쇄'와 'CMYK (전문가용 인쇄에 적합)'을 선택 후 다운로드하면 됩니다.

[그림 8-20] 아마존 킨들에서 Paperback 유통하기 1

6장에서 eBook을 유통할 때의 과정을 떠올리되 이번에는 Paperback을 유통해 보겠습니다. [그림 8-20]에서 Book Title 부분에서 책의 제목과 부제를 입력합니다.

저는 책 제목을 'Creatures in Color: A 33 Animal Coloring Journey'로 하고 부제를 'From Jungles to Oceans: A Coloring Exploation'으로 해두었습니다. 제목이 잘 떠오르지 않는다면 ebook을 만들 때처럼 챗GPT의 도움을 받아도 됩니다. 나머지 항목 중 필요한 부분이 있다면 하나씩 채워 나가면 됩니다.

Author에는 저자 이름을 입력하고 책 소개 부분인 Description에 책에 대한 설명을 입력합니다. eBook과 마찬가지로 이 부분 역시 챗GPT의 도움을 받아 작성할 수 있습니다.

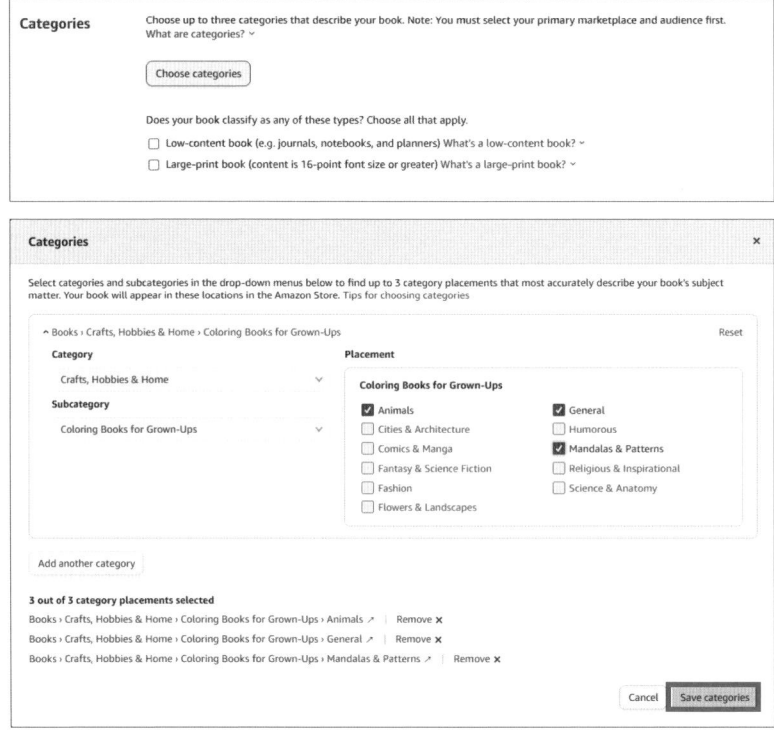

[그림 8-21] 아마존 킨들에서 Paperback 유통하기 2

다음으로는 카테고리를 설정해줍니다. 책마다 각 영역에 맞는 카테고리를 찾아 입력하면 되는데, 이 책은 컬러링북이니 Category에서 'Craft, Hobbies & Home'을 클릭하면 Subcategory에 Coloring Books for Grown-Ups이 있어 선택했습니다. 그러면 오른쪽 Placement에 여러 항목이 뜨는데 총 3개까지 선택할 수 있으니 책의 성격에 맞게 선택해주면 됩니다. 여기서는 'Animals', 'General', 'Mandals & Patterns' 를 선택해주었고 모든 선택이 끝났으면 우측 아래에 있는 [Save categories]를 클릭해주면 됩니다.

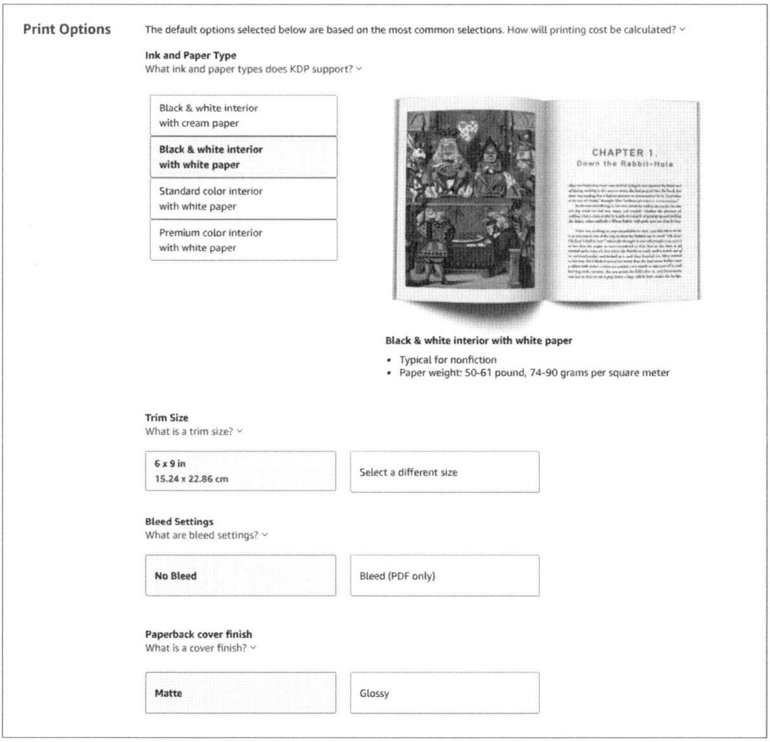

[그림 8-22] 아마존 킨들에서 Paperback 유통하기 3

다음으로는 Print Options에서 필요한 항목들을 선택합니다. 흑백으로 인쇄해야 하니 'Black & white interior with paper'를 선택하고 다음으로는 본문의 크기를 선택합니다. 앞에서 정한 6"×9" 크기를 선택해주고 Trim Size를 선택합니다. Bleed Setting은 여백의 유무를 나타내는 것입니다. 다만 대부분의 책은 여백 없이 진행된다는 점을 참조하시기 바라며 이 책 역시 여백이 없었기 때문에 'No Bleed'를 클릭해주었습니다. Paperback cover finish 표지의 광택 유무를 결정하는 것인데, 무광으로 할 때는 Matte를, 유광으로 할 때는 Glossy를 선택하면 됩니다. 여기서는 Matte를 선택했습니다.

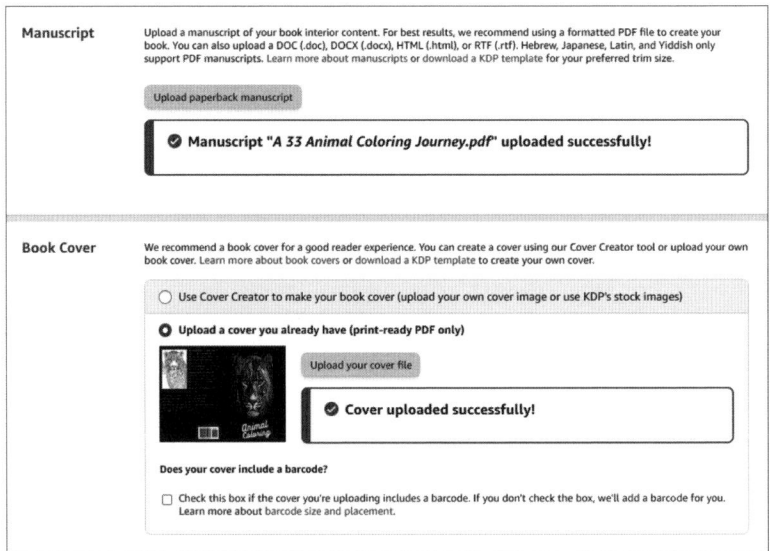

[그림 8-23] 아마존 킨들에서 Paperback 유통하기 4

6장에서 진행했던 것과 마찬가지로 Manuscript에 책 PDF 파일을 업로드하고, 'Book Cover에 Upload a cover you already have'를 클릭하여 캔바에서 만든 커버 PDF 파일을 업로드합니다. 다음으로 가격도 설정해주면 유통이 완료됩니다.

[그림 8-24] 아마존 킨들에서 Paperback 유통하기 5

가격 책정까지 끝났으면 이제 72시간을 기다리면 심사를 통해서 출판이 완료됩니다. 여러분 모두 자유롭게 본인이 원하시는 책을 출판할 수 있다는 점을 확인하실 수 있을 것입니다.

> 마무리하며

챗GPT의 미래와 기대

챗GPT는 시작일 뿐이라 생각합니다. 실제로 챗GPT가 나온지 얼마 되지 않았을 때 구글에서 바드를 선보였습니다. 바드는 아직 한국어와 영어, 일본어로만 지원되고 있지만 앞으로 무한한 발전이 예상됩니다.

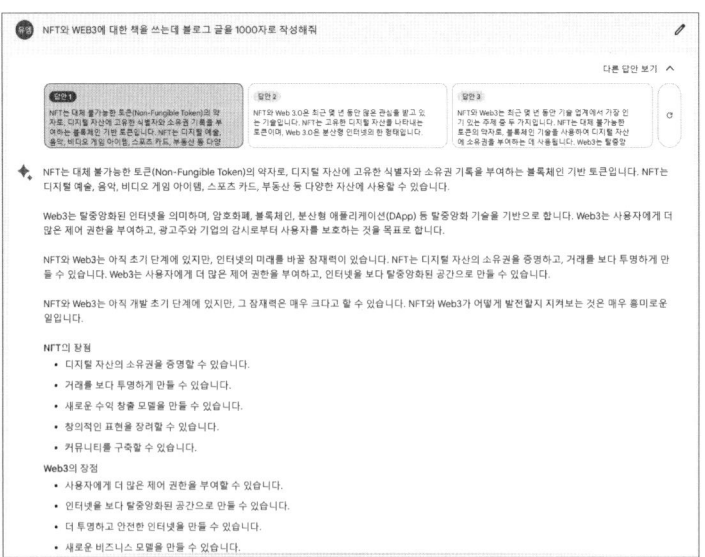

구글 바드에 질문했을 때 내놓은 답변

앞 페이지의 그림은 구글 바드에 NFT와 WEB3에 대한 블로그 글을 1000자로 작성해달라고 물었을 때 나온 대답을 캡처한 것입니다. 독자 여러분이 직접 챗GPT와 비교해보면 아실 수 있는데 구글 바드는 챗GPT에 비하면 굉장히 빠른 속도로 답변해주고 답안도 1개가 아닌 3개를 제공해줍니다. 또한 무료이고 구글에서 만든 대화형 인공지능인 만큼 브라우징 기능이 활성화되어 최신 정보가 바로바로 반영되고 GPT-4 수준의 성능을 지닌 LLM을 기반으로 만들어졌습니다.

또 메타Meta에서는 LLaMA라는 LLM을 만들었고 네이버에서는 하이퍼클로바HyperCLOVA X를 기반으로 클로바 엑스CLOVA X라는 대화형 인공지능을 선보였습니다. 지금도 수많은 생성형 AI가 나오고 있고 많은 부분을 바꿔나가고 있습니다. 미래가 어떻게 될지는 아무도 모르지만 지금보다 더 인공지능이 실생활 속에 빠르게 스며들 것이라는 것은 자명한 것 같습니다. 많은 일들이 자동화가 될 것이고 더 효율적으로 생산성을 높여줄 것이며 혁신적인 변화들이 일어날 것으로 기대합니다.

하지만 우려되는 부분도 있습니다. 개인정보의 유출이나 취약한 보안, 변화에 따라가지 못하는 법 제도 및 규제, 높지 않은 저작권 보호 인식 등 해결해야 하는 문제가 산재되어 있습니다. 이탈리아에서는 LLM이 학습한 정보에 개인정보가 포함되어 있다는 이유로 이탈리아 전역에 챗GPT를 차단했다가 며칠 만에 다시 풀기도 했습니다. 어쩌면 미래에는 지금처럼 자유롭게 생성형 AI를 사용하지 못할지도 모르겠습니다. 나라마다 법을 제정하고 있고, 국가의 민감한 정보가 유출되는 것을 우려하여 각자의 LLM을 만들어가고 있기도 합니다. 이런 우려스

러운 부분들 때문에 미래를 더욱 예측할 수 없습니다. 그럼에도 단순한 해프닝으로 끝날 것 같지는 않습니다.

저는 2021년부터 NFT와 메타버스에 관심을 가졌고, WEB3가 곧 도래할 것이라는 것에 대해 믿고 있습니다. 2008년에 블로그를 접했을 때 WEB 2.0의 시대가 시작되었고, 모바일과 SNS라는 것이 나오기 시작하면서 새로운 인생을 시작하게 되었습니다. 블로그를 하다가 블로그 마케팅 회사를 운영하게 되었고, 지금까지 SNS 마케터로서 일을 하고 있습니다. 벌써 10년이 훨씬 지난 일입니다. 스마트폰의 등장으로 업무의 효율성은 극대화되었고, 이제 스마트폰 없이 업무를 본다는 것은 상상도 할 수 없습니다. 전세계 어디에 있든 원래 하던 일을 할 수 있고 돈을 벌 수 있습니다.

2023년은 제가 블로그를 처음 접했던 2008년과 비슷한 해인 것 같습니다. 챗GPT를 접했고, 업무의 효율성은 더욱 증가했고, 생산성은 늘어났습니다. 이것은 NFT와 블록체인, 암호화폐, 메타버스로 자연스럽게 이어질 것이고 WEB3의 시대를 열게 될 것으로 기대하고 있습니다. 가상의 세계가 보다 더 체계화될 것이고, 생성형 AI로 인해 디지털 정체성이 더욱 요구되는 상황이 펼쳐질 것입니다. AI가 쓴 글인지, 사람이 쓴 글인지 알 수 없는 시대가 되었고, AI가 만들어낸 콘텐츠는 다들 처음에는 신기해 하겠지만, AI 콘텐츠가 홍수처럼 범람하면 그 때는 오히려 사람이 직접 쓴 글이 더 각광을 받게 될 것입니다. 그리고 "나"라는 아이덴티티가 디지털 환경에서 매우 중요해질 것이고, 그것을 해결할 수 있는 방안으로 결국 블록체인 기술이 활용될 수 밖에 없을 것입니다. 그리고 블록체인 기반의 가상 공간인 메타버스, 그 안을 채우는 아이템인 NFT, 경제활동의 수단인 암호화폐가 자연스럽게 돌아가고, 생성형 AI가 그 중심에 있을 것입니다.

챗GPT로 책쓰고 출판도 하고, 마케팅도 하는 과정을 책을 담아 보았습니다. 책 내용 중에 계속 강조했던 건 자동이 아닌 반자동이었 습니다. AutoGPT나 AGENT GPT를 보면 이제는 프롬프트 작성조차 AI가 알아서 해줍니다. 자동이라는 말은 매우 편리하게 느껴집니다. 하 지만 자동에는 "나", 내가 없습니다. 내가 중심에 있고, 나머지는 도구 로 활용하는 것이 생성형 AI를 가장 잘 활용하는 방법이라고 저는 믿 고 있습니다. 처음부터 끝까지 내가 책을 써도 되지만, 생성형 AI의 도 움을 받는다면 더 효율적으로 혹은 비용을 절감하며 책을 쓸 수 있습 니다. 그렇게 나만의 책이 만들어지고 나면 여러 언어로 번역도 할 수 있습니다. 마케팅도 혼자 할 수 있습니다. 번역가와 마케터가 필요했기 에 시도도 못해봤던 것들을 이제는 마음만 먹으면, 사용법만 알면 할 수 있게 된 것입니다.

생성형 AI의 발전은 언어의 장벽이나 기술의 장벽을 허물어줄 것 이고 직업의 융합 및 학문의 융합을 급속도로 만들어낼 것이라 생각합 니다. 그것은 다른 말로 하면 기회라고 생각합니다. 기술의 혁신이 만 들어낸 기회를 잡고 상상했던 것들을 이루어 내길 기원합니다.

챗GPT로 책쓰기
- 기획에서 마케팅까지 챗GPT로 출판하는 법

초판 1쇄 발행 | 2023년 11월 30일

지 은 이 | 이종범
펴 낸 이 | 이은성
편   집 | 홍순용
디 자 인 | 파이브에잇
펴 낸 곳 | *e*비즈북스

주   소 | 서울시 종로구 창덕궁길 29-38, 4-5층
전   화 | (02) 883-9774
팩   스 | (02) 883-3496
이 메 일 | ebizbooks@naver.com
등록번호 | 제2021-000133호

ISBN 979-11-5783-324-5   03320

*e*비즈북스는 푸른커뮤니케이션의 출판브랜드입니다.